本书由宁夏大学全国重点马院培育单位经费资助出版

新时代思政学科研究文库

# 新时代高校思政课建设"八个相统一"规律研究

刘嘉圣◎著

光明日报出版社

**图书在版编目（CIP）数据**

新时代高校思政课建设"八个相统一"规律研究 /
刘嘉圣著 . -- 北京：光明日报出版社，2024. 6.
ISBN 978-7-5194-8048-6

Ⅰ. G641

中国国家版本馆 CIP 数据核字第 2024PJ9655 号

新时代高校思政课建设"八个相统一"规律研究

XINSHIDAI GAOXIAO SIZHENGKE JIANSHE "BAGE XIANGTONGYI" GUILÜ YANJIU

著　者：刘嘉圣

责任编辑：杨　茹　　　　　　　　责任校对：杨　娜　温美静
封面设计：中联华文　　　　　　　责任印制：曹　净

出版发行：光明日报出版社
地　　址：北京市西城区永安路 106 号，100050
电　　话：010-63169890（咨询），010-63131930（邮购）
传　　真：010-63131930
网　　址：http://book.gmw.cn
E － mail：gmrbcbs@gmw.cn
法律顾问：北京市兰台律师事务所龚柳方律师

印　　刷：三河市华东印刷有限公司
装　　订：三河市华东印刷有限公司
本书如有破损、缺页、装订错误，请与本社联系调换，电话：010-63131930

开　　本：170mm×240mm
字　　数：184 千字　　　　　　印　　张：16. 5
版　　次：2024 年 6 月第 1 版　　印　　次：2024 年 6 月第 1 次印刷
书　　号：ISBN 978-7-5194-8048-6

定　　价：95. 00 元

# 序　言

　　传承、实践与创新是思想政治教育学科永续发展的必由之路。思想政治教育学科40年砥砺前行，取得了长足发展，积累了丰富经验和坚实基础，在规律把握中不断推进科学化。新时代思想政治工作作为治党治国的重要方式，需要思想政治教育学科的理论支撑，全面建设社会主义现代化国家的新征程也为思想政治教育学科发展实践提供了广阔天地。实践是创新的基础，创新是发展的关键，立足新时代思想政治教育学科实践，以揭示和运用规律、推动学科接续发展为旨归，深入总结思想政治教育学科创新成果，是新时代思想政治教育学科资政育人功能充分发挥的关键所在。

## 一、新时代思想政治教育学科研究具有深厚的实践基础

　　实践出真知，纵观40年学科发展历程，眺望新征程学科建设之路，实践始终是思想政治教育学科深化发展的丰沃土壤。一直以来，思想政治教育学科不仅承担着思想理论研究的使命，而且肩负着把研究成果转化为教育内容、完成马克思主义理论教育的任务。由此，思想政治教育学科在我国社会主义事业中举足轻重的地位充分展现。立足思想政治教育40年丰硕实践，思想政治教育学科不断深化理论基础，优化政策制度设计，增进发展内生动力，推动内涵式发展，使思

想政治教育的发展更加有积淀、更加有保障、更加有活力、更加有质量，在理论、制度、发展动力和发展模式上系统增进科学化，把思想政治教育的创新发展不断推向新高度。特别是党的十八大以来，以习近平同志为核心的党中央立足新时代中国特色社会主义的伟大实践，在思想政治教育领域提出了一系列新思想、新举措，这些重要思想和举措有机统一，体现出鲜明的时代特征，为思想政治教育学科的理论与实践创新发展提供了根本遵循。在习近平新时代中国特色社会主义思想的指导下，新时代思想政治教育学科蓬勃发展，理论研究的不断深化为我国思想政治工作提供了有力理论支撑，学科体系的日益完善助力推动形成具有中国特色、中国风格、中国气派的哲学社会科学体系，教育教学改革的不断推进切实提高了思想政治教育的质量和国际化水平，在加强国际交流合作、借鉴世界先进经验中实现了思想政治教育学科的创新发展。

踏上全面建设社会主义现代化国家的新征程，思想政治工作成为治党治国的重要方式，对此为思想政治工作科学化发展提供理论支撑的思想政治教育学科也迎来了广阔的发展空间。面对新征程中宣传思想领域的新挑战，思想政治教育学科在实践问题破解中实现了新发展。面向社会意识形态的多样化，随着我国社会经济的发展，人们的思想观念发生了深刻的变化，社会意识形态呈现出多样化态势。这就要求思想政治教育学科要主动适应这一变化，不断创新教育内容和方式，牢牢把握马克思主义在意识形态领域的指导地位。面向网络信息传播的迅速化，互联网的普及使得信息传播速度加快、范围更广。思想政治教育学科要关注网络空间的健康发展，引导网民树立正确的价值观，抵制不良信息的侵害。同时，善于运用现代信息技术，提高思想政治教育的实效性。面向国际交流的常态化，新时代国际交流日益频繁，不同文化、价值观的碰撞和交融使得人们的思想更加活跃。思想政治教育学科要关注国际形势的变化，教育人们树立国家意识、民族意识，坚定"四个自信"。面向社会问题的复杂化，随着我国社会转型的深入，各种社会问题日益凸显。思想政治教育学科要关注这些问题，引导人们正确认识和分析社会现象，树立正确的世界观、人生观和价值观。通过教育，提高人们的道德素质和社会责任感，为解决社会问题贡献力量。面向人才培养的多元化，新时代要着力培养德智体美劳全面发展的社会主义建设者和接班人，思想政治教育学科要在人才培养中发挥重要作用，着力培养能够担当民族复兴大任的时代新人。因此，新时代思想政治教育学科必须紧跟时代发展，积极融入中国式现代化建设实践，锚定打破困境的突破口，明确接续发展的生长点，找准质量提升的着力点，实现新时代思想政治教育学科的内涵式高质量发展。

## 二、深刻把握新时代思想政治教育学科研究的基本规律

把握规律是对思想政治教育本质的执着追求，40年来思想政治教育学科在规律探寻中砥砺前行，也将在规律指导下创新发展。思想政治教育学科具有突出的理论性和实践性，理论和实践相统一是贯穿思想政治教育发展始终的基本规律，理论是实践的指导，理论又在实践导向中创新并在实践检验中发展。为了回应新时代的发展要求，满足思想政治教育学科改革和创新的需求，新时代思想政治教育学科要注重理论创新、方法创新和课程创新。第一，新时代思想政治教育的理论创新应立足马克思主义理论的基本原理，紧密结合新时代中国特色社会主义事业的发展实际，着力探讨思想政治教育规律的新表现、新

实践和新发展,深入研究新时代思想政治教育的重大理论和实践问题。第二,与时俱进是思想政治教育发展规律的本质要求,新时代思想政治教育学科的方法创新应注重结合现代科技手段,提高思想政治教育的针对性和实效性。同时,注重传统方法与现代科技手段的有机结合,如线上线下相结合、情感与理性相统一等,实现新时代思想政治教育方法的创新性发展。第三,新时代思想政治教育学科的课程创新应着力推进大中小学思想政治教育一体化建设,实现课程体系的系统化、科学化。此外,注重课程内容的更新,将习近平新时代中国特色社会主义事业的新理论、新成果融入课程体系中,提高课程的时代性。

遵循和运用规律是新时代思想政治教育学科发展的必由之路,在规律深化中将思想政治教育学科研究引向深入。思想政治教育学科应坚持马克思主义理论,特别是习近平新时代中国特色社会主义思想的指导地位,坚定理论自信;贯彻以人民为中心的发展思想,在服务党和国家中心工作中实现学科发展;积极融入中国实践,总结中国经验,贡献中国智慧;推动与其他学科的交叉融合,拓宽研究领域;着力加强学科队伍建设,提高学科人才的培养质量。总而言之,新时代思想政治教育学科应坚持规律指导,紧紧抓住发展机遇,积极应对挑战,随着思想政治教育理论与实践研究的不断深入、研究视野的持续开拓,思想政治教育必将在守正创新中不断深化,思想政治教育学科必将在内涵式发展的道路上迈向新高度。

## 三、丰富拓展新时代思想政治教育学科研究文库

满眼生机转化钧,天工人巧日争新。在思想政治教育学科发展过程中,一大批中青年学者通过积极参与学科建设工作,逐渐崭露头角,

成长为独当一面的学术骨干。他们在研究过程中不断拓宽视野，提出富有创新性的观点，为学科理论体系注入了新的活力。这些中青年学者不仅推动了思想政治教育学科的繁荣发展，还为培养新一代思政人才、服务国家和社会做出了重要贡献。在长期的学术探索中，这些中青年学者立足于时代发展的前沿，深入研究思想政治教育的核心问题，积极回应新时代面临的挑战。他们勇于突破传统研究范式，不断创新理论框架，为学科发展提供了源源不断的动力。同时，他们还注重将理论研究与实践应用紧密结合，持续丰富思想政治教育学科理论体系。在成长过程中，这些中青年学者紧紧把握时代脉搏，关注国家和社会发展需求，深入挖掘传统优秀文化资源，借鉴国际先进经验，积极探索适应新时代的教育方法，以期为我国思想政治教育事业的发展贡献力量。在研究过程中，这些中青年学者充分发挥自身优势，勇于突破传统束缚，以全球视野和时代高度审视思想政治教育的发展。他们结合国际国内的新形势、新任务，对学科的理论体系进行深入挖掘和创新发展，为构建具有中国特色、世界水平的思想政治教育学科体系做出了积极努力。在未来的道路上，这些中青年学者将以更加坚定的信念、更加宽广的视野、更加严谨的态度，为思想政治教育学科的繁荣发展贡献力量，为实现中华民族伟大复兴的中国梦书写新的篇章。

　　基于此，我们精心策划了这套具有鲜明时代特色和实践价值的《新时代思政学科研究文库》，组织了一批在我国思想政治教育领域具有重要成就的中青年学者，呈现他们对于思想政治教育的深入认识和系统观点。丛书从不同维度对思想政治教育学科理论和实践问题作出探索性研究，深入剖析了新时代思想政治教育的核心议题，为丰富思想政治教育学科理论体系提供了参考。丛书第一批次包括《网络时代高校思想政治教育对象研究》《高校思想政治理论课教学研究》《新时代高校思政课"八个相统一"规律研究》《思想政治教育内生动力理论研究》《思政课教师专业发展研究》《思想政治教育场景论》《思想政治教育接受动力研究》《社会主义意识形态价值结构纵横论》8本分册。其中,《网络时代高校思想政治教育对象研究》深入剖析网络时代高校思想政治教育目标群体特征和需求的变化,强调网络环境对教育对象的影响,为提升思想政治教育效果提供了理论支撑。《高校思想政治理论课教学研究》从教学角度出发,研究了高校思想政治理论课的改革创新,提出了教学模式、教学方法、教学评价等方面的创新举措,为提高教学质量提供了有益借鉴。《新时代高校思政课"八个相统一"规律研究》围绕习近平总书记对思政课建设的改革创新方法论进行了系统的学理性阐述,深刻总结了思政课建设长期以来形成的规律性认识,构成一个紧密联系、有机统一的整体。《思想政治教育内生动力理论研究》系统探究了思想政治教育内生动力的核心问题,为认识和激发内生动力进而推动思想政治教育内涵式发展奠定了理论基础。《思政课教师专业发展研究》聚焦中学思政课教师群体,着眼教师专业发展视角,深入探究了中学思政课教师专业发展的基本过程,为提升教师队伍的整体素质提供了理论和实践指导。《思想政治教育场景论》从场景角度出发,论证了思想政治教育场景的多样性、针对性和实效性,探讨了思想政治教育的有效实施途径。《思想政治教育接受动力研究》通过研究思想政治教育的接受动力,强调教育对象的接受动力是提高教育效果的关键,教育者应关注教育对象的兴趣、需求和困惑,从而有针对性地开展教育活动。《社会主义意识形态价值结构纵横论》从价值视角出发,系统分析了社会主义意识形态的价值结构,为做好新时代意识形态工作提供了借鉴。

　　总体而言,《新时代思政学科研究文库》既着力为思想政治教育学科中青年学者提供平台和窗口,也推动研究成果有力支撑我国思想政治教育的创新发展,为中国式现代化建设培养德智体美劳全面发展的社会主义建设者和接班人贡献力量。

北京师范大学思想政治工作研究院院长

冯刚

2024 年 2 月

# 目 录
CONTENTS

# 导　论

党的十八大以来，以习近平同志为核心的党中央高度重视高校思政课的建设。2019年，习近平总书记在学校思想政治理论课教师座谈会上提出了"八个相统一"，即"要坚持政治性和学理性相统一，要坚持价值性和知识性相统一，要坚持建设性和批判性相统一，要坚持理论性和实践性相统一，要坚持统一性和多样性相统一，要坚持主导性和主体性相统一，要坚持灌输性和启发性相统一，要坚持显性教育和隐性教育相统一"①。"八个相统一"规律中有着丰富的内涵，是新时代高校思政课"行稳致远"的重要原则。新时代高校思政课建设遵循"八个相统一"规律，正是新时代高校思政课适应环境变化、遵循内在规律、提升课程质量的客观要求。因此，探索新时代高校思政课建设"八个相统一"规律的研究，是当前思想政治教育研究的热点和重点。

## 一、研究缘起及意义

改革开放以来，我国的社会环境发生了较大的变化，这给高校思政课建设带来了诸多课题。在中国共产党第十九次全国代表大会上，习近平总书记指出："经过长期努力，中国特色社会主义进入了新时

---

① 习近平主持召开学校思想政治理论课教师座谈会强调　用新时代中国特色社会主义思想铸魂育人，贯彻党的教育方针落实立德树人的根本任务［N］．人民日报，2019-03-19（1）．

代,这是我国发展新的历史方位。"①处于新的历史方位中的新时代高校思政课面临着诸多前所未有的新情况、新任务、新挑战,必须在理论与实践层面予以有效、及时、深刻的回答。

(一)研究缘起

处于新的历史方位,新时代高校思政课必将承担更大的育人责任。习近平总书记曾多次强调:"办好思想政治理论课,最根本的是要全面贯彻党的教育方针,解决好培养什么人、怎样培养人、为谁培养人这个根本问题。"②在落实立德树人根本任务的引领下,新时代高校思政课这个关键课程不仅具有搭建知识框架、构建学理支撑的知识属性,而且具有形成情感共鸣、进行正向激励的教育属性,同时还具有帮助大学生认清错误思想、树立正确价值导向的价值属性,这三种属性的叠加使得新时代高校思政课在大学生成长成才的培养中扮演着关键的角色。特别是对于大学生来说,新时代高校思政课对于处在三观形成关键时期的大学生具有积极的激励和引导作用,通过课堂内外的交流与互动,新时代高校思政课可以深入了解大学生群体的思想需求,知晓大学生群体在思想情感上的困惑,帮助大学生群体形成独立思考以及辨别是非的能力,最终实现新时代高校思政课对青年大学生健康成长发展的正向的激励和引导作用。

新时代高校思政课的课程设置、教学内容、教学方法、教材体系等都受其自身规律的支配。新时代高校思政课在实际教学中,为了保

---

① 决胜全面建成小康社会 夺取新时代中国特色社会主义伟大胜利:在中国共产党第十九次全国代表大会上的报告 [M]. 北京:人民出版社,2017:10.

② 习近平主持召开学校思想政治理论课教师座谈会强调 用新时代中国特色社会主义思想铸魂育人,贯彻党的教育方针落实立德树人的根本任务 [N]. 人民日报,2019-03-19(1).

证实现预期的教学效果，需要综合考虑各个因素，对各个因素的统筹兼顾是把握新时代高校思政课规律的重要抓手。剖析新时代高校思政课在建设中要解决的主要矛盾，厘清新时代高校思政课建设需要解决的难点问题，关注新时代高校思政课在实际教学中的创新点和发展点，通过新时代高校思政课这个重要的研究场域关注其教育对象所展现出的个性特点、思想动态，挖掘新时代高校思政课走进大学生内心的基本原则和方法，在总结、剖析新时代高校思政课自身发展规律中不断增强其思想性、理论性、针对性和亲和力。

"八个相统一"规律中蕴含着对新时代高校思政课建设发展的规律性认识。一方面，"八个相统一"规律揭示了新时代高校思政课建设的总体要求。"八个相统一"规律注重影响新时代高校思政课建设发展的各方面因素，通过新时代高校思政课的课程不同建设层面的"规律群"的形式为新时代高校思政课建设提出总体要求，充分体现建设"大思政"工作格局的总体理念。另一方面，"八个相统一"规律阐释了新时代高校思政课建设的系统内容。"八个相统一"规律在尊重新时代高校思政课建设的内在规律的前提下，从明确课程属性、完善教学内容、提升教学方法等层面坚持改进和加强新时代高校思政课的课程质量。

"八个相统一"规律存在于新时代高校思政课教育教学的各环节和人才培养的各个方面，影响着教育教学过程的进行，并决定着新时代高校思政课育人的最终效果。具体来看，"八个相统一"规律首次从新时代高校思政课建设整体的视角出发，以系统性、科学性的思维阐释其政治属性、建设原则以及教学方法等，并将其融会贯通，是对新时代高校思政课规律把握的一次"创举"。新时代高校思想政治理论课在"八个相统一"规律的引导下，将会步入改革创新的"快车道"，成为让大学生喜闻乐见、受益无穷的课程。因此,关注"八个相统一"规律这一重要课题,不断深化"八个相统一"规律的学理研究和实践探索,是本研究的选题缘由。

(二)研究意义

把握新时代高校思政课建设"八个相统一"规律,既是直面新时代高校思政课在建设过程中守正创新的重难点问题,也是提升新时代高校思政课针对性和实效性的重要抓手,在理论和实践层面均有重要的价值。

从理论价值层面看,其意义主要表现在两个方面。一方面,探究新时代高校思政课建设"八个相统一"规律有利于探索新时代高校思政课建设的内在规律。新时代高校思政课有其内在规律和运行逻辑,新时代高校思政课从最初教学计划的制定到最终教学成效的实现都要在其内在规律和运行逻辑构成的框架内运转。抓住新时代高校思政课改革创新发展重难点问题的主要矛盾并把握其本质,对于促进新时代高校思政课建设来说具有重要的指导作用。因此,选题拟从理论逻辑、实践逻辑等层面,尝试探索新时代高校思政课建设"八个相统一"规律的时代价值、内在机理、实践路径等,对于"八个相统一"规律来说是一定程度的丰富。另一方面,探究新时代高校思政课建设"八个相统一"规律有助于把握新时代高校思政课在实际运行过程中的关键因素。新时代高校思政课在实际运行过程中的关键因素包含着对其运行规律的科学概括和总结,这是其长期良性运转的关键所在,把握住新时代高校思政课长期良性运转的关键因素有助于进一步提炼新时代高校思政课实践经验、认识新时代高校思政课建设规律。因此,选题尝试探索新时代高校思政课建设"八个相统一"规律的时代价值、理论内涵等，深刻领会贯彻于新时代高校思政课的教学实际，有助于推动新时代高校思政课在改进中加强。

从实践价值层面看，其意义主要表现在两个方面。一方面，探究新时代高校思政课建设"八个相统一"规律有利于为科学地回答"怎样培养人"这个根本问题提供有效路径。"八个相统一"规律深刻地诠释了办好新时代高校思政课的基本要求和目标原则，从主渠道的角度，对新时代高校思政课的课程建设、课程价值、课程方法等层面进行了深刻的阐释。因此，探索新时代高校思政课建设"八个相统一"规律，把握"八个相统一"规律的精神实质，有助于在新时代高校思政课改革和创新中准确发挥具体的指导作用，明晰"怎样培养人"这个根本问题的解决方略。另一方面，探究新时代高校思政课建设"八个相统一"规律有助于提升新时代高校思政课铸魂育人的针对性与实效性。新的历史条件下，新时代高校思政课面对的青年大学生群体呈现出新的特点，具体体现在当代大学生在新时代高校思政课教学中呈现出明显的主体性特征，主要表现为主体意识的增强、主体性需求的多样、有强烈表达自我的意愿。"八个相统一"规律深刻地把握了新时代高校思政课中教育对象的主体性，同时也深刻把握了教育对象综合素质形成发展的整体性。因此，尝试探索新时代高校思政课建设"八个相统一"规律，有助于从师生互动的双重视角分析和把握新时代高校思政课教学的生长点，创新新时代高校思政课教学的形式和方法，满足青年大学生成长的个体性需求和意愿，不断增强新时代高校思政课的建设实效。

## 二、研究现状

"八个相统一"规律是较新的概念。2019年3月18日，习近平总书记在学校思想政治理论课教师座谈会上提出新时代思政课改革创新的"八个相统一"规律,"八个相统一"规律由此进入了人们的视野。在学校思想政治理论课教师座谈会后,我国学术界对新时代高校思政课建设"八个相统一"规律从不同角度、通过不同视野、根据不同切入点展开研究,所取得的一些研究成果推动了新时代高校思政课建设"八个相统一"规律研究的理论建构和现实应用。梳理国内关于新时代高校思政课建设"八个相统一"规律的研究成果,主要分为以下两个方面。

（一）新时代高校思政课"八个相统一"规律的研究

自习近平总书记2019年3月在学校思想政治理论课教师座谈会上提出"八个相统一"以来,很多学者紧跟时代发展的特征,从新时代高校思政课的新情况、新角度、新问题等方面入手,遵循实践逻辑提出问题,搭建理论分析框架,开展研究。学界目前针对新时代高校思政课"八个相统一"规律初步形成了一些研究成果,主要体现在如下方面。

第一,"八个相统一"规律的时代价值。"八个相统一"规律在新时代高校思政课建设和发展的过程中扮演着"台前幕后的助推者"的角色,并且"八个相统一"规律也承担着发展创新新时代高校思政课的重要使命。因此,对"八个相统一"规律的研究也引发了学界和相关工作者的广泛关注。有学者认为,"八个相统一"是思政课改革创新要遵循的重要原则,其关涉思政课的具体事务层面、思想意识层面和内涵属性层面。① 有学者认为,"八个相统一"直面思想政治教育过程

---

① 卢黎歌,隋牧蓉."八个相统一":推动思想政治理论课改革创新的遵循原则［J］.学校党建与思想教育,2019（9）:9-13.

中和思政课教师关注的热点和难点问题，在教育目标和内容、教育主体和方法、教育环境等层面为增强思政课亲和力提供了基本遵循。<sup>①</sup> 有学者认为，"八个相统一"的重要性在于在教学层面提升思政课的科学化水平。<sup>②</sup> 当前，思想政治教育学界对"八个相统一"规律的时代价值进行了积极的讨论，但是仍存在一些问题需要进一步探讨。一方面，"八个相统一"规律本身包含多层内容，学界对其认识大多出于整体视角，深入研究"八个相统一"规律的时代价值也需要继续深入某一部分的价值研究，研究它的针对性；另一方面，关于"八个相统一"规律的时代价值需要拓展其研究深度，运用哲学、文化学、管理学等的分析框架，提升学界的认同度。

第二，"八个相统一"规律的理论积淀。学界普遍认为"八个相统一"规律是对马克思主义的坚持和发展。有学者认为，"八个相统一"重要论述是对马克思主义基本原理的创造性运用，马克思主义的真理论和实践论、矛盾论和价值论是"八个相统一"重要的理论来源。<sup>③</sup> 学界也普遍认为，马克思主义中国化的理论成果、中华民族深厚的历史文化资源等也是"八个相统一"重要的理论积淀。有学者认为，我国的文化自信、家国情怀、民族认同感也是"八个相统一"形成的重要的文化"养料"。<sup>④</sup> 学界对"八个相统一"规律的理论积淀研究取得了

① 崔延强，叶俊 . "八个相统一"：增强思想政治理论课的亲和力的基本遵循［J］. 思想理论教育导刊，2019（6）：80-84.
② 康沛竹，艾四林 . 思政课改革创新的"八个相统一"［J］. 人民论坛，2019（13）：108-110.
③ 陈吉鄂 . 以"八个相统一"引领高校思政课改革创新［J］. 人民论坛，2019（20）：108-109.
④ 祝和军 . 习近平关于新时代高校思想政治教育重要论述的文化意蕴［J］. 思想教育研究，2020（7）：26-30.

一定的成果，但是在微观层面仍然有一些需要深入研究的问题。"八个相统一"规律本身包含着一个育人体系，其中蕴含着教育学的理论和原理，从教育学的角度而言，这一系统的运行原理以及如何展开等，需要进一步研究。

第三，"八个相统一"规律与思想政治教育规律的关联性研究。自"八个相统一"规律提出以来，对"八个相统一"规律与思想政治教育规律的关联性研究就成为2019年度思想政治教育规律的研究热点之一。有学者从整体的角度论述了"八个相统一"规律与思想政治理论课建设规律的内在联系，即"八个相统一"规律引领思想政治理论课的建设规律。[①]有学者论述了增强思想政治理论课启发性的关键在于遵循"三大规律"，让"三大规律"指导教学活动。[②]也有一些学者从部分的角度，针对"八个相统一"规律中的每对规律阐释与思想政治教育规律之间的关系。有学者阐释了理论性与实践性相统一与思想政治教育基本规律研究的内在联系：坚持理论性和实践性相结合，有助于推动思想政治教育基本规律的原理阐发、规律应用以及最终检验。[③]近年来，学界对"八个相统一"规律与思想政治教育规律的关联性研究的成果是显而易见的，对"八个相统一"规律的认识已经上升到思想政治教育规律的高度，这对于深化理解思想政治教育、提升思想政治教育实效是有积极意义的。但是，"八个相统一"规律研究还需要拓展

---

① 冯刚，陈步云．深刻把握新时代思政课"八个统一"的建设规律［J］.中国高等教育，2019（9）：11–14.

② 冯秀军，咸晓红．思想政治理论课改革创新要坚持灌输性和启发性相统一［J］.思想理论教育导刊，2019（7）：74–78.

③ 冯刚，张欣．深刻把握思想政治理论课理论性与实践性相统一的价值意蕴［J］.新疆师范大学学报（哲学社会科学版），2019（5）：78–84.

深度。"八个相统一"规律与思想政治教育规律都具有自身的特殊性，如何在思想政治教育规律中融入"八个相统一"规律，还需要进一步深入研究和挖掘。

第四，"八个相统一"规律的内部逻辑结构。很多学者已经意识到"八个相统一"规律是一个内涵丰富、操作性强的指导原则，弄清、辨明"八个相统一"规律的逻辑演进与内在联系，有助于更好地把握"八个相统一"的规律。因此，研究"八个相统一"规律的内在联系成为学者们关注的重点问题。一些学者从"八个相统一"整体的逻辑演进着手，有学者将"八个相统一"的内在逻辑又划分为课程价值论层面、课程建设层面和教学方法论层面，指出"八个相统一"相互支撑，是一个逻辑严密的动态链。[①]有学者从宏观、微观层面进行分类，在宏观层面上每两个统一为一组，涵盖了"八个相统一"对于思政课教学性质、特征、方法的内在理路；在微观层面上区分成八对矛盾，每一对矛盾中都体现出矛盾的主要方面。[②]也有学者们从"八个相统一"规律的某对基本范畴出发，探究其辩证关系。有学者认为，价值性和知识性相统一是把握高校思政课的重要抓手，虽然价值性和知识性在内涵、功能、地位等方面展现出差异性，但两者呈现出相互联系、相互呼应的辩证统一。[③]有学者阐释了显性教育和隐性教育的功能，在高校育人

---

① 冯刚.理直气壮开好思政课：把握新时代思政课规律［M］.北京：人民出版社，2019：6.

② 刘建军.论高校思想政治理论课教育教学的"八个统一"［J］.教学与研究，2019（7）：13-19.

③ 孔国庆，王刚.高校思想政治理论课价值性和知识性探论［J］.思想教育研究，2020（8）：94-98.

体系中，育人目标的一致是两者相统一的重要基础。①有学者认为，政治性和学理性相统一是思想政治理论课教师的基本遵循，坚持政治性和学理性相统一需要分别以当代中国马克思主义为政治性的思想指引和行动遵循，需要以当代中国马克思主义筑牢理论根基作为学理性的遵循。②有学者从思政课教学中师生功能定位的角度通过辩证法分析的视角进行论述，在思政课教学中把握主导性和主体性一方面要注重教师与大学生的统一，另一方面也要调动大学生使其可以主动学习。③有学者认为，要避免割裂价值性与知识性的关系来看待思政课，思政课的价值性统领思政课的知识性，思政课的知识性要服务于思政课的价值性，但是要避免形成"因一废二"地看待价值性与知识性。④学者们将研究的关注点更多地放在"八个相统一"规律内部逻辑结构的研究中，这对于未来的相关研究来说具有一定的前瞻性和指向性。但是，"八个相统一"规律内部逻辑结构的研究还有待进一步细化，"八个相统一"规律中的每个相统一对应的具体内容之间的关系与结构，即"八个相统一"规律存在的相互联系、相互依存的整体性逻辑关系还需要进一步深化。

第五，新时代高校思政课建设遵循"八个相统一"规律研究。由于"八个相统一"规律在新时代高校思政课建设中发挥着重要的指导

① 高国希.坚持显性教育和隐性教育相统一［J］.中国高等教育，2019（11）：10-12.

② 顾钰民，赵肖荣.思想政治理论课坚持政治性和学理性相统一研究［J］.思想教育研究，2020（5）：68-73.

③ 党锐锋.思想政治理论课改革创新的主导性和主体性相统一研究［J］.思想理论教育导刊，2019（7）：84-87.

④ 余丰玉.思政课改革创新要坚持价值性和知识性相统一［J］.中国高等教育，2019（10）：1.

作用，学者们对"八个相统一"规律结合新时代高校思政课实践路径的研究也随之深入，其中既有从整体层面拓宽路径，也有从微观层面总结经验。部分学者从"八个相统一"规律的整体层面拓宽新时代高校思政课实践路径的研究。有学者从课程目标、课程内容、课程手段层面，深入把握"八个相统一"之间的逻辑辩证关系，以"八个相统一"为原则，打造思政课"金课"。[①] 有学者从广大思政课教师贯彻"八个相统一"规律的角度，指出广大高校思政课教师必须把握住四个维度，即研究理论、强化实践、关注大学生与注重方法。[②] 一些学者在具体现实问题指引下研究高校思政课建设遵循"八个相统一"规律的实践路径。有学者从"坚持政治性和学理性相统一"出发，论述思想政治理论课教师不仅要理直气壮地讲政治，而且要善于用学术讲政治。[③] 有学者以"坚持政治性和学理性相统一"为切入点，指出思政课教师要真学、真懂、真讲。[④] 有学者指出，思想政治理论课要在"八个相统一"的指导下，确立"双主"理念、开展"双向"建构、发挥"双因"作用、达成"双化"目标，坚持主导性和主体性相统一。[⑤] 有学者针对西藏的特殊区情和以藏族为主的少数民族大学生的思想状况，探索西藏高校思政课的建设，该学者举例说明了在"八个

---

[①] 赵爱琴，陈伟平．以"八个相统一"为遵循打造思政课"金课"[J]．学校党建与思想教育，2020（16）：42-44.

[②] 吴会丽，刘世波．思政课坚持"八个相统一"的维度[J]．中学政治教学参考，2021（23）：5-7.

[③] 李中国，孙海英．政治性与学理性统一下思想政治理论课教师的素质提升[J]．思想教育研究，2019（12）：96-100.

[④] 金国峰．思想政治理论课政治性和学理性相统一的实现路径[J]．学校党建与思想教育，2019（9）：14-17.

[⑤] 蒲清平，何丽玲．思想政治理论课要坚持主导性和主体性相统一[J]．思想教育研究，2019（11）：100-104.

相统一"规律的引领下，西藏高校将"八个相统一"规律中的思想蕴含、实际原则、学理深度等贯彻到马克思主义"五观"教育中。① 还有学者结合高校思政课的必修课程，探索如何在实践教学中贯彻"八个相统一"。有学者将"中国近现代史纲要"课程作为研究的重要着眼点，探讨"八个相统一"如何与课程性质、课程特色、课程设计等精巧地结合起来。② 综上所述，学界的相关研究对新时代高校思政课建设遵循"八个相统一"规律在研究视角、研究内容等方面展开了扩展性探索。但是，如何进一步结合新时代高校思政课建设的工作实际，发挥"八个相统一"规律的引领作用，仍是一个值得深入探索的内容。

（二）新时代高校思政课建设的相关研究

对新时代高校思政课建设的相关研究引发了学界和相关工作者的广泛关注，目前学界已初步形成了一些研究成果，主要表现在如下方面。

第一，关于新时代高校思政课建设的研究。学者们主要从新时代高校思政课建设的价值定位、目标指向、基本思路、育人格局等方面进行研究。就新时代高校思政课建设的价值定位而言，有学者指出，对高校思想政治理论课进行准确的、科学的价值定位，有助于用求真的态度、友善的情感吸引青年大学生。③ 就新时代高校思政课建设的目标指向而言，有学者提出，新时代高校思政课要通过铺陈鲜亮的思想

---

① 胡美娟，王彦智. 马克思主义"五观"教育遵循"八个相统一"原则的探索与实践［J］. 西藏民族大学学报（哲学社会科学版），2019（6）：102-106.
② 孙燕. 树立青年大学生文化自信研究［J］. 学校党建与思想教育，2019（9）：47-50.
③ 许蓉. 新时代高校思想政治理论课的价值定位［J］. 思想政治教育研究，2020（3）：68-72.

底色、守好育人底线、提升教师职业底蕴、打造课程建设体系来打造"金课"。① 也有学者指出，新时代高校思政课迎来了改革的"春风"，要以中央相关政策文件为抓手，以马克思中国化最新创新成果为依托，聚焦思政课的建设、教师的能力塑造、思政教育资源的集合。② 就新时代高校思政课建设的基本思路而言，有学者基于统筹规划新时代高校思政课建设的整体布局，认为思想政治理论课教师要站稳政治立场，具备扎实的理论功底，切实加强自身的道德修养。③ 就新时代高校思政课建设的育人格局而言，有学者基于新时代学校思想政治理论课建设一体化，依据对思政课教师的"六个要求"，提出思政课教师在教学、处世、育才等方面在落细落小落实上的细则要求。④ 这些研究为拓展和深化新时代高校思政课建设的研究提供了宝贵经验，新时代高校思政课建设的相关研究要始终坚持实践的向度，聚焦其发展过程中的阶段问题、难点问题、热点问题等，基于对这些问题的思考、研判、分析和整合持续研究新时代高校思政课持续发展的现实价值和实践路径。

第二，关于新时代高校思政课实践教学的研究。有学者指出，推动新时代高校思政课实践教学改革创新，要在创新实践教学理念、拓展实践教学资源、创新实践教学内容、创新实践教学形式、创新实践教学评价机制等方面探索新思路、新方法、新途径，提升思想政治教

①　严萍昌.新时代高校思政课"金课"建设的"四底"保障析论［J］.学术论坛，2020（3）：120–125.
②　佘双好，王珺颖.新时代思想政治理论课建设的新举措与新变化［J］.思想理论教育，2020（5）：12–17.
③　肖贵清.新时代学校思想政治理论课建设的基本思路［J］.吉首大学学报（社会科学版），2020（2）：34–41.
④　段妍.新时代构建思政课育人新格局的重要着力点［J］.思想政治教育研究，2020（2）：13–17.

育的实效性。<sup>①</sup>有学者认为，应将本科四门思政课置于本、硕、博的整体课程体系中进行统筹思考，从教学体系、理论逻辑、教学理念等层面不断强化本科四门思政课，为硕、博阶段对课程体系的深入进行前期铺垫。<sup>②</sup>有学者指出，要实现新时代高校思政课建设内涵式发展，需要厘清核心概念、锚定目标方向、形成运转系统。<sup>③</sup>有学者认为，思政课是加强大学生"四史"教育的重要渠道，"四史"教育可通过调整教学方案、增设"四史"教学模块、开展网络实践教学活动、提升思政课教师的综合素养等方式融入高校思政课。<sup>④</sup>学者们将对新时代高校思政课实践教学的研究视角聚焦到工作格局、教学研究、内涵式发展、保障机制等层面，这些相关研究为拓展新时代高校思政课实践教学研究提供了宝贵经验。但是，新时代高校思政课实践教学本身经历着新的发展，面对更加多样的实践创新发展需求，新时代高校思政课如何在这些实践需求中发挥作用，仍然值得深入研究。

第三，关于新时代高校思政课教学方法的研究。有学者认为，可以从通过传承过往高校思政课教学有效方式、拓展团队研究学习方法、尝试融入虚拟实践的三个方面改进高校思政课教学方法。<sup>⑤</sup>有学者指出，要将现代信息技术的积极作用发挥出来，并与新时代高校思政课进行

---

① 莫茜. 抓好新时代高校思政课实践教学创新［J］. 中国高等教育，2021（2）：39-40.

② 江大伟. 新时代高校思想政治理论课的整体性［J］. 吉首大学学报（社会科学版），2020（2）：50-56.

③ 韦震，吴林龙. 新时代高校思政课建设内涵式发展的逻辑进路［J］. 中国高等教育，2020（1）：30-32.

④ 唐俊，张劲松. "四史"教育融入高校思政课探究［J］. 学校党建与思想教育，2021（19）：74-76.

⑤ 汤志华，廖青清. 新时代高校思想政治理论课实践教学创新研究［J］. 思想理论教育导刊，2019（11）：96-100.

深度结合，为新时代高校思政课教学方法的改革创新增加重要的"砝码"。① 有学者从高校挖掘自身办学历程中的红色档案资源的角度着手，通过以红色档案助力高校思政课教学的方式，让红色档案走进高校思政课的课堂，同时以"互联网＋"思维打造红色档案助力思政课教学的常态工作机制。② 目前，学者们对于新时代高校思政课教学方法进行了较为深入的研究，这对完善新时代高校思政课建设具有积极作用。伴随着时代的发展，数字化、网络化、信息化、大数据时代将成为对新时代高校思政课教学方法产生影响的重要外在因素，虽然已经有不少学者注意到这些因素的影响，但是研究的广度和深度还存在着非常大的挖掘空间，因此关于新时代高校思政课教学方法的研究必须更加积极聚焦时代发展。

第四，关于新时代高校思政课教师队伍建设的研究。有学者指出，深入剖析思政课教师队伍建设中存在的难点和瓶颈，着眼思政课教师核心素养，量质兼顾、内外兼修，配齐建强师资队伍，努力培养一支"可信、可敬、可靠，乐为、敢为、有为"的思政课教师队伍。③ 有学者提出，在新时代高校思政课教师职业操守的践行过程中，要充分发挥思政课教师在立德树人过程中的关键作用和职业素养的基本要求，明确教师职业的功能定位。④ 有学者认为，新时代高校思政课教师队伍

---

① 魏勃.提升高校思政课教学实效性探究［J］.学校党建与思想教育，2019（16）：33–35.

② 潘坤，王继红.红色档案助力高校思政课教学刍议［J］.学校党建与思想教育，2021（2）：57–58.

③ 冯秀军.新时代高校思政课教师队伍建设难点及其突破［J］.国家教育行政学院学报，2021（1）：17–22.

④ 黄蓉生，蒋朝林.立德与树人：新时代高校思政课教师职业操守的践行［J］.河南师范大学学报（哲学社会科学版），2021（5）：143–148.

建设必须直面难点，在对师资队伍的关注程度、培训制度、配套制度、能力提升这四个方面花大力气重点推进。①综上所述，学界普遍认为一方面要不断提升高校思政课教师的个人能力与素养，另一方面要构建促进新时代高校思政课教师发展的体制机制。新时代高校思政课教师队伍建设的研究，除了要借鉴学界已有的研究经验，重要的是在未来的研究中，致力于提升新时代高校思政课教育实效，探究新时代高校思政课教师队伍建设在实践中面对的重点和难点问题。

通过以上两个方面的综述不难看出，学界对新时代高校思政课建设的研究逐渐加强，尤其是"八个相统一"规律提出以来，学者们已经关注到"八个相统一"规律与新时代高校思政课建设的重要关系，"八个相统一"规律已经成为新时代高校思政课创新发展的重要研究切入口和改革着力点。但是还需要进一步深化"八个相统一"规律的科学蕴含，完善它的理论框架，解析它的运行机理，探索它的实践路径，将"八个相统一"规律在新时代高校思政课实践中落细、落小、落实，这也为本研究留下了可以持续深究的空间。

### 三、研究思路、研究方法和主要内容

明确研究思路，运用科学研究方法，有助于从整体上把握新时代高校思政课建设"八个相统一"规律。在把握"八个相统一"规律的基础上了解新时代高校思政课的运行目标、运行原则、运行规律等，有助于促进新时代高校思政课的改革创新形成更深刻的认知。

--------

① 张凯.新时代高校思政课教师队伍建设探究［J］.学校党建与思想教育,2019(14)：17-19.

（一）研究思路

本研究立足时代发展特征、新时代高校思政课发展实际，以及青年大学生群体的发展特点，尝试探索"八个相统一"规律引领下新时代高校思政课建设和发展的着力点。首先，在明确新时代高校思政课建设"八个相统一"规律理论积淀的基础上，着重分析新时代高校思政课建设"八个相统一"规律的时代价值和理论内涵，从整体把握"八个相统一"规律。其次，对新时代高校思政课建设"八个相统一"规律进行系统研究，从本体论、价值论、对象论、方法论的维度探索其内在机理，解析其逻辑结构。最后，在把握其运行方式和管理路径的基础上，就如何明确系统要素、创新应用方法、形成协同机制、完善质量评价等问题进行探究，分析新时代高校思政课建设"八个相统一"规律的实践路径。

（二）研究方法

在坚持马克思主义理论和方法指导、借鉴认识论的工具方法的基础上，本研究主要采取了以下几种方法对新时代高校思政课建设"八个相统一"规律开展研究。

1.文献研究法

通过查阅书籍、报刊以及中国知网中的相关资料，收集、梳理和归纳与"八个相统一"规律相关的文献资料，通过抽象概括、归纳演绎和具体分析等方法的运用，整合思想政治教育学科的基础理论，梳理已有的研究成果，明晰研究的成果和不足，从中提炼出规律性认识，找到深入探究的着力点。

2.系统分析法

通过系统科学的方法，从总体上把握"八个相统一"规律与新时代高校思政课建设的关系，在此基础上，考察"八个相统一"规律的内部逻辑和运行机理，并对这些环节与要素之间的相互关系从系统性和整体性上进行整合，以期在一定程度上形成对新时代高校思政课建设"八个相统一"规律研究的系统性把握。

3. 跨学科研究法

在遵循思想政治教育学科研究方法的基础上，通过借鉴教育学、心理学、社会学、管理学等学科知识，从比较分析的视角，借助跨学科研究视角，将多学科理论观点合理融入新时代高校思政课建设"八个相统一"的规律研究，探讨新时代高校思政课建设"八个相统一"规律的生成与发展趋势，进而寻求持续深化"八个相统一"规律研究的新路径与新方法。

（三）主要研究内容

本研究的主要内容分为以下六个部分。

第一部分：导论。该部分通过对现有研究成果进行梳理，明确研究起点与基础，并在已有研究的基础上确定本研究的研究思路和方法以及研究的创新之处。

第二部分：新时代高校思政课建设"八个相统一"规律的理论积淀。该部分通过马克思主义经典作家的理论支撑、中国共产党关于高校思政课建设的相关论述、教育学理论的相关借鉴三个方面，明晰新时代高校思政课建设"八个相统一"规律的理论依据。

第三部分：新时代高校思政课建设"八个相统一"规律的时代价值。该部分从提升新时代高校思政课的课程质量，推动新时代高校思政课的改革创新，激发新时代高校思政课创新发展的重要动力，落实新时代高校思政课的育人目标这四个方面着手，分析新时代高校思政课建设"八个相统一"规律的时代价值。

第四部分：新时代高校思政课建设"八个相统一"规律的理论内涵。该部分着重从新时代高校思政课建设"八个相统一"规律的理论指导、时代特征、实践特质的层面着手，分析"八个相统一"规律的内涵、特点，明确"八个相统一"何以称之为规律。

第五部分：新时代高校思政课建设"八个相统一"规律的内在机理。该部分从"八个相统一"规律的内部逻辑着手，从凸显新时代高校思政课的本质属性、坚持人的全面发展的价值指向、关切教育对象成长发展需求、丰富新时代高校思政课的方法论四个维度剖析"八个相统一"规律内在的运行体系以及"八个相统一"规律内部相互的逻辑关系。

第六部分：新时代高校思政课建设"八个相统一"规律的实践路径。实践路径是本选题的重要落脚点，该部分以"八个相统一"规律为遵循，依据明确系统要素、创新方法、构建协同机制、完善质量评价这一研究思路，探讨新时代高校思政课建设"八个相统一"规律的实践理路。

## 四、研究的创新点

基于现有的研究成果，本研究的创新点主要体现在两个方面。一方面，从研究视角来看，本研究以"八个相统一"规律为着眼点，通过要素构成的视角，重点探讨新时代高校思政课建设"八个相统一"规律的逻辑结构，更好地把握新时代高校思政课在育人实践中的关键因素。同时也通过实践导向的视角，着重分析新时代高校思政课建设"八个相统一"规律的实践优化路径，以期提升新时代高校思政课建设的针对性和实效性。另一方面，从研究内容来看，本研究厘清了新时代高校思政课建设"八个相统一"规律的理论内涵及内在机理，"八个相统一"规律作为一个整体，其中融合了育人主体、育人对象、育人内容、育人方式和方法等新时代高校思政课建设过程中的规律性认识，通过对"八个相统一"规律内在机理的系统解构，探索了新时代高校思政课建设"八个相统一"规律的实践路径。

在本研究中，存在一些客观难点。首先，新时代高校思政课的规律研究是一个高度凝练和精炼概括的范畴，一方面既要运用抽象思维在"八个相统一"规律的基础上凝练新时代高校思政课守正创新的一般规律，还要在此基础上还原新时代高校思政课建设的规律性认识，把握新时代高校思政课内涵式发展的内核；另一方面既要在新时代高校思政课建设中总结"八个相统一"规律中的理论内涵，提炼"八个相统一"规律的内在机理，又要探索基于"八个相统一"规律的新时代高校思政课建设的实际路径，这种反复的逻辑推演存在着由抽象到具体的过程，此过程的辩证思考存在着客观的难度。再次，"八个相统一"规律蕴含在新时代高校思政课建设的整体过程中，材料众多、关系复杂，要捋清"八个相统一"规律与新时代高校思政课建设规律的契合点，找到内在逻辑，形成规律性认识，就要去粗取精、去伪存真，因此在材料把握中存在着客观难度。最后，分析"八个相统一"规律的内部系统及运行模式，需要运用管理学、心理学、社会学等其他相关学科理论知识，多学科交叉视域的研究模式也存在着客观的难度。

# 第一章

# 新时代高校思政课建设"八个相统一"规律的理论积淀

在新时代理直气壮地开好新时代高校思政课，必须遵循"八个相统一"规律。2019年，习近平总书记在学校思想政治理论课教师座谈会上提出了"八个相统一"，即"要坚持政治性和学理性相统一，要坚持价值性和知识性相统一，要坚持建设性和批判性相统一，要坚持理论性和实践性相统一，要坚持统一性和多样性相统一，要坚持主导性和主体性相统一，要坚持灌输性和启发性相统一，要坚持显性教育和隐性教育相统一"①。"八个相统一"规律立足新时代高校思政课建设的基本规律，紧紧围绕新时代高校思政课建设要解决的主要矛盾和实际问题，深刻回答了新时代高校思政课改革创新的重点和难点问题。新时代高校思政课建设"八个相统一"规律以马克思主义为理论支撑，以中国共产党的思想理论为遵循，并且充分吸收借鉴教育学理论中蕴含的教学智慧，在课程目的、课程属性、课程原则、课程标准、课程内容、课程体系、课程方法、课程评价、师生互动等方面有着丰富的理论积淀和知识支撑。

---

① 习近平主持召开学校思想政治理论课教师座谈会强调　用新时代中国特色社会主义思想铸魂育人，贯彻党的教育方针落实立德树人的根本任务［N］. 人民日报，2019-03-19（1）.

"八个相统一"体现了新时代高校思政课建设和创新的基本规律，助推新时代高校思政课的发展。因此，要深刻理解马克思主义经典作家关于"八个相统一"规律的理论奠基，科学把握中国共产党的领导人关于"八个相统一"规律的理论发展，并吸收教育学理论，从而明确新时代高校思政课建设"八个相统一"规律的理论积淀。

# 第一节　马克思主义经典作家的理论支撑

"八个相统一"规律并没有直接地出现在马克思主义经典著作中，但是在马克思主义关于人的全面发展理论、马克思恩格斯辩证思维方法以及马克思主义灌输论中蕴含着可供"八个相统一"规律挖掘的理论渊源，这些理论支撑回答了与新时代高校思政课密切相关的目标引领、学理框架、方法原则等问题，为新时代高校思政课建设"八个相统一"规律提供了深厚的理论来源。

## 一、马克思主义关于人的全面发展理论

马克思主义关于人的全面发展理论中蕴含着逻辑严密的学理思考以及思想严谨的理论架构。人的全面发展是马克思主义的基本价值追求，也是其理论的重要内容。对马克思主义关于人的全面发展理论进行深入分析，离不开对社会发展规律的剖析。对社会发展规律的剖析需要把握唯物史观的观点、明晰人类社会历史实践、从无产阶级解放的角度着手。第一，从把握唯物史观观点的角度来看，马克思主义关于人的全面发展理论是唯物史观的一个重要组成部分。马克思和恩格

斯以现实的、有生命个体的生存为前提,将研究视角聚焦到人及其物质资料生产,随后逐步建立起生产力和生产关系、经济基础和上层建筑、社会存在和社会意识、阶级和阶级斗争等一系列历史唯物主义学说。具体来看,马克思从现实的社会关系的角度理解人的本质,马克思指出:"人的本质不是单个人所固有的抽象性,在其现实性上,它是一切社会关系的总和。"①马克思通过批判费尔巴哈在人性问题解释上的困境而辨明关于人的本质这一理论逻辑的进路,更加深刻地理解人的本质。在此基础上,马克思、恩格斯进一步指出:"全部人类历史的第一个前提无疑是有生命的个人的存在。"②他们通过科学的分析以及逻辑的推演,由此找到人类社会存在的前提条件,剖析和阐明现实中的人及其物质生产活动对人类社会生存与发展的影响,并将人的物质资料生产作为人类社会存在的基础。第二,从人类社会历史实践的角度来看,马克思把实践看作是新哲学的理论基石。马克思在批判旧唯物主义的同时,从实践观的角度,将人置于社会实践的视角中,关注个人发展的社会属性,初步形成了人的全面发展的理论。马克思关于人的自由全面发展理论不仅具有历史维度,同时也具有实践维度。马克思通过考察资本主义生产方式及与之对应的生产关系,揭示了其产生、发展和消亡的规律,指出了社会主义公有制代替资本主义私有制的社会历史发展的规律,也从社会必要劳动时间、个别劳动时间等角度展现了资本家们利欲熏心的丑恶嘴脸,以及压迫工人的无良行为,深刻地反映出工人们在被压榨中出现了尊严的丧失、自由的泯灭、时间的损失等现实情况。马克思认为解决这一问题的关键是形成更高级的社

---

①　马克思恩格斯选集:第1卷[M].北京:人民出版社,2012:135.
②　马克思恩格斯选集:第1卷[M].北京:人民出版社,2012:146.

会形态，他指出："为一个更高级的、以每一个个人的全面而自由的发展为基本原则的社会形式建立现实基础。"①这个社会形态可以更好地诠释"自由人联合体"，共产主义社会为每个人自由而全面的发展提供了充足的"养分"以及适宜的"温床"，至此马克思开始通过唯物史观的研究视角探讨实现人全面发展的条件和途径。第三，从无产阶级解放的角度来看，马克思恩格斯认为无产阶级的解放意味着全人类的共同解放。马克思和恩格斯以揭露资本主义的基本矛盾为根据，总结了世界工人运动的经验，认为无产阶级将会战胜资产阶级。无产阶级解放的一个重要物质保障是生产力的发展，同时另一个重要的组织保障是拥有无产阶级政党的坚定领导力量，这也是无产阶级革命取得胜利的关键一步，无产阶级政党依靠思想纯洁、行动有力、组织团结、保障有力获得民心所向，始终在坚持实现共产主义的未来方向的指引下，在物质保障和组织保障的双重作用下，最终将全世界的无产者联合起来，实现全人类的共同解放，彻底消灭私有制，为实现个人以及全体人的自由发展而全力以赴，最终实现共产主义。

人的全面发展包含着人的全面发展和人的自由发展两方面。首先，人的自由发展体现在人能够自觉地、自主地发展。人的全面发展是与人的片面发展相对应的，马克思对人的片面性发展进行了深入的研究，他指出："只要分工还不是出于自愿，而是自然形成的，那么人本身的活动对人来说就是异己的、同他对立的力量，这种力量压迫着人，而不是人驾驭着这种力量。"②由于受到外界的压迫，也受迫于谋生需要，劳动者在私有制分工下丧失了其主体性和独立性，这实际上与人的全

---

① 马克思恩格斯文集：第5卷［M］. 北京：人民出版社，2009：683.
② 马克思恩格斯文集：第1卷［M］. 北京：人民出版社，2009：537.

面发展是背道而驰的。人的全面发展包括身体、智力、自然力、社会力等各方面的协调发展，同时也伴随着人的综合素质的不断提升，最终社会的成员均得到全面的发展，大家并不局限于自己的身份，而是可以通过社会实践进行自主活动。其次，人的自由发展是以人作为目的的发展，既包括相对于自然的自由，也包括相对于社会的自由。其中，相对于自然的自由是指，随着人对自然规律的认识和把握，人们可以掌握和利用自然规律，不断提升自身的能力，进而实现自由的发展。相对于社会的自由是指，随着社会必要劳动时间的减少，人们将会拥有自己可以支配的自由时间，并且可以自主地发展自己的兴趣和爱好，实现身体、智力、体力等方面的全面发展。相对于自然的自由和相对于社会的自由是辩证统一的，两者相互联系、相辅相成。相对于自然的自由是相对于社会的自由的前提基础，相对于社会的自由是相对于自然的自由的最终旨归。最后，人的全面发展与人的自由发展有着密切的联系。人的全面发展离不开人的自由发展，脱离了人的自由发展，人的全面发展就只能是"海市蜃楼"。马克思强调："每个人的自由发展是一切人的自由发展的条件。"[①] 人的全面发展，需要以人的自由发展作为前提。人的全面发展建立在人的自由发展的基础上，会获得更多选择的机会，也会收获更多的可能性，因此人也就越能按照自己的兴趣和喜好进行自由选择。但是，如果人处于异化的生存状态下，人就无法自由地选择，而是被动地接受，也就没有办法按照自己的兴趣从事自己喜欢的事业，最终也就无法实现全面的发展。

人的全面发展的重要标志即要充分满足人的需要。因此，对人的

---

① 马克思恩格斯选集：第1卷［M］. 北京：人民出版社，2012：422.

需要给予充分重视并且进行精准区分就显得尤为重要。其一，人的需要是分阶段的、多层次的。人的需要是人的本能反应，满足人的多样性的需要是实现人全面发展的基础性条件，根据马斯洛需求层次理论，人的需要分为低层次的需要和较高层次的需要，马克思、恩格斯明确地给出了人的全面发展的基本特征，人的全面发展依托于人的个性的发展，其中包含了体力、智力及思想品德的综合发展。马克思、恩格斯充分重视人的需要的多样性，认为人的需要是分阶段的、多层次的，他们当时已经能够充分意识到并且开始重视人的基本需要、发展需要、享受需要等多样性的需要。其二，人的需要会随着人的能力和素质的发展而不断提升。社会生产力的发展客观上为人的全面发展创造了更多可能性的条件，这不仅拓展了人的需要，同时也从现实条件上支持并保障人的需要的满足，曾经那些想得却不可得的需求逐渐成为触手可及的现实，人的需要相较过去得到了长足的发展。马克思高度重视人的能力和素质的发展，随着人的生理素质、心理素质、实践能力等不断提高，人的需要也会随之提升，与人的全面发展相契合。同时，人的需要在丰富的社会关系中得到进一步发展。马克思认为处于社会关系中的个体，自然要与社会关系产生千丝万缕的联系。从某种程度上讲，社会关系可以直接影响人的需求目标、需求程度、达到需求的途径等，个人通过充分参与政治、经济、文化、社会、法律、家庭、学校、体育、劳动等方面的丰富的社会关系，不仅可以接收来自其他个体的交互信息，增长见识，开阔眼界，树立榜样，形成目标，逐渐清楚自己的发展目标，而且可以在丰富的社会关系中，充分学习他人的优秀品质，不断提升自己的鉴别能力，逐步提高自己的认识能力和实践能力，实现需要由片面化向全面化的过渡。其三，人的需要呈现出个体的主体性和独特性。人的需要的个体性体现在，人的需要因为个体的不同而展现出不同的内容，具体来看，人可以根据自己的特长、习惯、喜好等选择自己想要从事的工作、休闲和娱乐。正如马克思所说，"在共产主义社会里，任何人都没有特殊的活动范围，而是都可以在任何部门内发展"[①]。随着人的全面发展，人的需求也不囿于固定的形式，而是呈现出个性化的需求。每个个体的需求呈现出个体的主体性和独特性，个人在追求独立人格的同时，也享有追求自己的理想生活的机会，社会也因此充满生机与活力。

马克思主义关于人的全面发展理论是人类劳动生产生活实践的产物，内在地规范着人类的思想和行为，这也是"八个相统一"规律得以实现的重要理论基础。对于"八个相统一"规律来说，其本质要义是实现人的全面发展，这与马克思主义关于人的全面发展理论具有相同的价值旨归。马克思主义关于人的全面发展理论不仅关乎人的本性，也同样关乎人类自身的生存与发展，马克思主义关于人的全面发展理论中蕴含的理论思考对于"八个相统一"规律来说具有重要的参考价值。具体来看，马克思主义关于人的全面发展理论为新时代高校思政课建设"八个相统一"规律提供了目标、内容以及方法的引领。第一，马克思主义关于人的全面发展理论为新时代高校思政课建设"八个相统一"规律指明了方向。"八个相统一"规律要在马克思主义的指导下，担负起向青年大学生传导社会主流意识形态的使命，充分发挥思想引导的作用，要准确地把握大学生的思想动态，以科学的理论赢得青年，增强青年大学生对党的认同与信任，培养社会主义事业合格的建设者

---

① 马克思恩格斯文集：第1卷［M］. 北京：人民出版社，2009：537.

和接班人。第二,马克思主义关于人的全面发展理论为新时代高校思政课建设"八个相统一"规律在理论内容层面提供了指导。马克思主义关于人的全面发展理论与新时代高校思政课建设"八个相统一"规律在理论内核上具有高度的一致性。马克思主义关于人的全面发展理论中蕴含的满足青年大学生成长发展需求和期待、提高青年大学生的能力和素质等与"八个相统一"规律有高度的契合性。因此马克思主义关于人的全面发展理论为"八个相统一"规律提供强大的思想理论的内在力量,引导大学生进行深入的、本质的思考,为青年大学生奠定全面发展的思想基础和价值导向。第三,马克思主义关于人的全面发展理论为新时代高校思政课建设"八个相统一"规律提供了方法论层面的指导。马克思高度重视人的能力和素质的发展,强调采取全方位、多方面、宽口径的方式培养人才,这是马克思主义关于人的全面发展理论的应有之义,这也为当前新时代高校思政课建设"八个相统一"规律提供了基本遵循。因此,"八个相统一"规律引导下的新时代高校思政课应在培养社会主义建设者和接班人的过程中充分汲取马克思主义关于人的全面发展理论的思想精华,形成基于立德树人为价值导向的多层次、多维度、多方位的人才培养方式。

## 二、马克思恩格斯辩证思维方法

马克思恩格斯辩证思维方法反映了事物本身和人类认知发展的规律和进程,马克思恩格斯辩证思维方法集中体现在恩格斯的《自然辩证法》中。马克思恩格斯辩证思维方法的产生是人类实践和思维发展的必然结果,即把各种矛盾进行分析和综合,再利用辩证推理把它们联系在一起,通过抽象到具体的概念揭示了现实的人是历史主体的内在理论逻辑。了解马克思恩格斯辩证思维方法的基本内涵，要先厘清马克思恩格斯辩证思维方法的概念。恩格斯对辩证思维方法的概念做了相应的阐述，他指出："所谓的客观辩证法是在整个自然界中起支配作用的，而所谓的主观辩证法，即辩证的思维，不过是在自然界中到处发生作用的、对立中的运动的反映。"①恩格斯在《自然辩证法》中侧重于证明"辩证法的同时又是唯物主义的自然观"，进一步阐释辩证法的"三个基本规律"，即有对立统一、量变质变、否定之否定三个基本规律。一方面，恩格斯以系统的观点，从辩证法的规律出发，把握自然，将自然视为系统、有机的整体，并且以辩证法作为考察人与自然的研究视角。另一方面，恩格斯在《自然辩证法》中进一步明确的"三个基本规律"是实现自然以及自然科学相统一的重要积淀。辩证的分析与综合反映了马克思恩格斯辩证思维方法的本质，从客观的角度对事物的矛盾进行深层次的解构，找到了解决事物矛盾的内在根源。

马克思恩格斯辩证思维方法是建立在辩证法的基础上并符合人类思维发展进程的必然选择。恩格斯指出："辩证法的规律是从自然和人类社会的历史中抽象出来的。辩证法的规律不是别的，正是历史发展的这两个方面和思维本身的最一般的规律。实质上它们归结为下面三个规律：量转化为质和质转化为量的规律；对立的相互渗透的规律；否定之否定的规律。"②恩格斯从辩证法的三个规律中获得重要的认识工具，以社会为中介思考人与自然的关系，奠定了马克思主义哲学研究的新视角与新领域，为辩证唯物主义提供了坚实的学科基础，同时也为马克思恩格斯辩证思维方法的发展做出了重大的贡献。唯物辩证法

---

① 马克思恩格斯选集：第3卷［M］. 北京：人民出版社，2012：908.

② 马克思恩格斯选集：第3卷［M］. 北京：人民出版社，2012：901.

将事物看作一个不断发展的过程，是随着生活和实践的发展而不断地反映客观事实的，表现过程的内在性质和运行法则，形成了一个具有科学性的、开放的系统。所以，马克思恩格斯辩证思维方法继承并发扬唯物辩证法的思维方式。

马克思恩格斯辩证思维方法是考察自然界、人类社会、人类思维的最高层次辩证法的思维方式。恩格斯认为："辩证思维方法是唯一在最高程度上适合于自然观的这一发展阶段的思维方法。"① 马克思恩格斯辩证思维方法是在扬弃黑格尔唯心主义辩证思维方法的基础上形成的，在认识论层面反映出实践的观点，并且将辩证法贯彻始终，在客观的基础上对思维过程进行辩证的思考。恩格斯指出："只要有人存在，自然史和人类史就彼此相互制约。"② 这种研究视角在自然辩证法中增添了人类史观的观点，形成自然辩证法和历史辩证法的有机统一，丰富了马克思恩格斯辩证思维方法的思想深度与广度。马克思恩格斯辩证思维方法的世界观和方法论是人类认识史上的一次伟大变革，具体体现在由形而上学的思维方式转变为辩证的思维方式，是人类思维发展的必然历史阶段。综上所述，马克思恩格斯辩证思维方法是考察自然界、人类社会、人类思维的最高层次的、科学的思维方式，辩证地认识思维的过程既反映了客观辩证法，同时也体现着辩证法的思维方法。

马克思恩格斯辩证思维方法不仅蕴含着以唯物辩证法为认识基础的思维方式，而且包含着认识和改造世界的重要方法论。一方面，马克思恩格斯辩证思维方法包含着逻辑与历史的相统一。马克思恩格斯辩证思维方法以历史发展的视野，结合工业化等历史进程从资产阶级

---

① 马克思恩格斯选集：第3卷［M］．北京：人民出版社，2012：910.
② 马克思恩格斯文集：第1卷［M］．北京：人民出版社，2009：516.

的产生、壮大、未来发展等辩证地分析资产阶级的作用，并且从生产力与生产关系的角度分析资产阶级剥削的本质，工人被迫成为资本家为自己谋取私利的劳动工具。马克思、恩格斯"用公开的、无耻的、直接的、露骨的剥削代替了由宗教幻想和政治幻想掩盖着的剥削"①，揭露了资产阶级的丑恶面貌，也指明了资产阶级的最后结局。另一方面，马克思恩格斯辩证思维方法包含着"否定之否定"的扬弃观点。在《共产党宣言》中马克思、恩格斯通过分析资本主义社会中的劳动异化，从劳动关系的异化出发，进行"否定之否定"的扬弃，认为资本主义社会中人被物奴役，人逐渐沦为劳动工具，"这些不得不把自己零星出卖的工人，像其他任何货物一样，也是一种商品"②，充分地表明了金钱关系成功地奴役了人与人之间的关系。最终，马克思恩格斯辩证思维方法给出了实现扬弃的真正出路，采用了批判与建构相结合的思维方式，剖析无产阶级与资产阶级的斗争，指明无产阶级是为了大多数人的利益而进行真正的革命，因此无产阶级的力量逐渐增强，并在与资产阶级的力量对抗中占据上风，帮助每个人实现自由而全面的发展。

马克思恩格斯辩证思维方法中包含的对于矛盾的分析和综合是建立在对事物进行现实分析的基础之上的，通过对主要矛盾、矛盾的主次等的分析，在理顺逻辑思路的基础上将不同的矛盾按照一定顺序进行分类、分析和归纳。《资本论》充分反映了马克思恩格斯辩证思维方法的理论内核。《资本论》中体现的以唯物主义为理论框架、联系和发展的观点以及形成的逻辑与历史相统一，均是马克思恩格斯辩证思维方法的具体体现。一方面，马克思采用联系和发展的观点，将商品、

---

① 马克思恩格斯选集：第1卷 [M]．北京：人民出版社，2012：403.
② 马克思恩格斯选集：第1卷 [M]．北京：人民出版社，2012：407.

价值、劳动、货币、资本和剩余价值的关系置于资本主义世界中进行统筹考虑，探究商品、价值、劳动、货币、资本和剩余价值的本质、必然、普遍的联系，特别指出了商品拜物教的本质。另一方面，马克思从社会历史发展的角度分析形成了逻辑与历史相统一。马克思用唯物主义的理论框架，来阐释资本主义生产方式及其与之相适应的生产关系与交换关系，分析其产生、发展和消亡的规律。在矛盾分析的过程中辩证思维方法将具体的、历史的、抽象的方法联结起来，充分体现出马克思恩格斯辩证思维方法的推演过程。

　　"八个相统一"规律的育人目标是为党和国家培养社会主义的建设者和接班人，这一教育目标的达成需要在学理知识和价值引导等方面吸引、感染、说服教育对象。马克思恩格斯辩证思维方法是马克思主义哲学方法论的重要体现和具体运用，其中蕴含的分析与综合、理论与实践相结合的方法是"八个相统一"规律在方法论层面的实际向导，有助于"八个相统一"规律在方法论层面树立问题意识，推进理论"由远及近"，用生动的实践缩减因理论自身不可避免而产生的距离感。具体来说，主要体现在如下三方面。首先，坚持用联系的观点看问题有助于培养青年大学生的全局眼光。马克思恩格斯辩证思维方法中包含着联系的观点，即世间万事皆有其普遍性，其内在联系是客观存在的，不受人的主观意愿影响。在马克思恩格斯辩证思维方法的引导下，"八个相统一"规律教导青年大学生用世界的眼光审视外部世界，审视自己的生活，学会用整体性思维思考、分析、解决自己在学习、生活中遇到的问题。其次，坚持用发展的眼光看问题有助于培养青年大学生的创新思维。马克思恩格斯辩证思维方法中包含着发展的观点，这对"八个相统一"规律的引导体现在，要在新时代高校思政课教学过程中鼓励大学生形成创新思维，正确分析和评价相关理论，对大学生的行为习惯、心理状态、思维方式、价值观念和人生态度等施加正向的影响。最后，坚持用矛盾的观点看问题有助于培养青年大学生的辩证思维。马克思恩格斯辩证思维方法中蕴含着矛盾的观点，这不仅关系着如何正确看待共性与个性、统一性和多样性的关系，也关乎青年大学生能否一分为二地看待问题。因此，要引导青年大学生在面对纷繁复杂的问题时，学会去辨清主要矛盾与次要矛盾，学会处理问题的优先级，找准实践的"重点"与"难点"，这也是"八个相统一"规律得以实现的重要理论基础。

### 三、马克思主义灌输论

马克思主义灌输论作为思想政治教育最直接的理论基础，有着深厚的历史积淀以及丰富的理论内涵，在新时代仍然发挥着重要的作用。马克思主义经典作家比较系统地论述了灌输的必要性、内容、主客体、方法等问题。

就灌输的必要性来看，马克思主义经典作家均认同并强调了理论对革命行动的指导作用。马克思指出："哲学把无产阶级当作自己的物质武器，同样，无产阶级也把哲学当作自己的精神武器。"[①] 理论需要在与人的结合中彰显其价值，在理论与人的结合中实际蕴含着理论灌输的过程。马克思、恩格斯将思想教育和工人运动紧密结合，针对当时资本主义弊端暴露、经济危机频发、革命形势严峻的情况，马克思、恩格斯强调，"共产党一分钟也不忽略教育工人尽可能明确地意识到资

---

① 马克思恩格斯选集：第1卷［M］．北京：人民出版社，2012：16.

产阶级和无产阶级的敌对的对立"①。因此，共产党要通过教育工人实现思想灌输。列宁继承并发扬了马克思、恩格斯的灌输思想，从某种程度上来说，列宁是马克思主义灌输论的集大成者。列宁将马克思、恩格斯的灌输思想的内核与俄国的革命实际相结合，进而全面、系统地阐释了灌输论的思想。列宁在《怎么办？》中提出灌输论，并指出灌输论是统治阶级在对工人群众进行思想建设时所必需的理论工具。列宁指出："工人本来也不可能有社会民主主义意识。这种意识只能从外面灌输进去。"②列宁进而对党内和工人运动中存在的工联主义、改良主义等错误观点进行了批评，并指出要通过灌输使科学社会主义思想渗透到工人的头脑中。综上所述，马克思主义经典作家均认识到，要通过灌输的方式用科学的思想体系来引导工人阶级，使其联合起来，克服其自发性。

就灌输的内容来看，必须坚持马克思主义科学理论为指导。以列宁《怎么办？》为例，列宁在其中阐释了建设工人阶级政党的重要原则就是必须坚持马克思主义科学理论为指导。列宁指出："只有以先进理论为指南的党，才能实现先进战士的作用。"③列宁提出要把先进的政治思想和工人运动结合起来，使之达到理想的灌输效果。由此可见，科学的理论对于工人阶级的引导作用是至关重要的，科学理论对于工人阶级的引导主要体现在两方面。一方面，从工人阶级的自身状况看，工人阶级是革命最坚决、最彻底的阶级，但是工人阶级必须要在科学理论的指导下，才能更清晰地了解自身的历史使命，才能进一步地去

---

① 马克思恩格斯选集：第1卷［M］．北京：人民出版社，2012：434.
② 列宁选集：第1卷［M］．北京：人民出版社，2012：317.
③ 列宁选集：第1卷［M］．北京：人民出版社，2012：312.

探索人类社会发展的客观规律。另一方面，从工人阶级的未来发展看，马克思主义培养了工人阶级的阶级意识和革命精神，工人阶级也因此摆脱了自己的局限性站到了历史发展的前列，成为引领社会发展的先进力量，在争取人类解放的伟大斗争中发挥先锋模范的作用。

就灌输的主客体来看，灌输的主体是"革命的社会主义知识分子"。列宁指出：科学社会主义只能"从有产阶级的有教养的人即知识分子创造的哲学理论、历史理论和经济理论中发展起来"[①]，处于当时的历史条件下，这些革命的社会主义知识分子具备传播科学理论所具有的理论基础和实践能力，能够传递无产阶级解放斗争的科学理论基础。灌输的客体是"无产阶级群众"。马克思认为："理论一经掌握群众，也会变成物质力量。"[②]理论需要与无产阶级人民群众结合，才能彰显其科学性的特点。列宁对于这个问题有着经典的论述，他从阶级情况、各国历史的角度进行分析，工人的自发运动只是为了改善生产与生活条件，他们的自发运动产生不了科学社会主义理论，而只能产生"工联主义"。[③]所以，只有在马克思主义科学理论的指导下，工人运动才能在科学社会主义思想的浸润下不断前进。

就灌输的方法来看，一方面，要注重理论与实际的结合。列宁指出："没有革命的理论，就不会有革命的行动。"[④]列宁强调了灌输是将理论转化为实践的关键，要将科学的理论与各国工人革命运动的实际结合起来，在不抄袭别国经验的基础上独立地运用科学理论，并结合

---

① 列宁全集：第6卷［M］. 北京：人民出版社，2013：29.
② 马克思恩格斯选集：第1卷［M］. 北京：人民出版社，2012：9.
③ 列宁选集：第1卷［M］. 北京：人民出版社，2012：317.
④ 列宁选集：第1卷［M］. 北京：人民出版社，2012：311.

本国工人革命运动的实际。只有通过理论与实际相结合，做好无产阶级的思想工作，向无产阶级灌输社会主义理论，才能促进他们意识的觉醒。另一方面，要在灌输的过程中投入感情。列宁指出："把社会主义思想和政治自觉性灌输到无产阶级群众中去，组织一个和自发工人运动有紧密联系的革命政党。"①列宁认为生动、深刻的宣传教育能达到事半功倍的效果。因此，要加大宣传的力度弘扬无产阶级的立场观点，要在灌输的过程中增强感情因素，真心诚意地投入感情来影响无产阶级。

马克思主义灌输论为"八个相统一"规律提供了强大的理论底气。其一，马克思主义灌输论是"八个相统一"规律理论框架的重要参考。马克思主义灌输论强调理论对实践的指导作用，它要求国家在抵制各种社会思潮和西方意识形态的侵扰中，掌握主动权和话语权，坚定道路自信、理论自信、制度自信和文化自信。马克思主义灌输论对"八个相统一"规律的理论参考体现在两个方面，一方面它要求新时代高校思政课教师要通过坚定的信念、扎实的理论来感染大学生；另一方面，它也要求青年大学生在处理个人与他人、与社会的关系中，坚持正确的政治方向，弘扬爱国主义的热情，提升自身的政治素养与政治意识。其二，马克思主义灌输论是"八个相统一"规律内容体系的重要支撑。马克思主义灌输论是对社会发展规律的一次经验总结，其实质是传播社会主义思想。"八个相统一"规律应当继承马克思主义灌输论的内核，用真理的力量发出时代的最强音，用彻底的理论说服人、用透彻的学理吸引人。其三，马克思主义灌输论指引"八个相统一"

---

① 列宁选集：第1卷［M］．北京：人民出版社，2012：285．

规律帮助青年大学生树立正确的价值观。马克思主义灌输论有助于巩固马克思主义在意识形态的指导地位,"八个相统一"规律要在改革开放以来取得的宏伟佳绩中找到生动素材,引导青年大学生将社会主义核心价值观与个人品德、社会公德、职业道德相结合,在青年大学生心中埋下爱党、爱国、爱社会主义的种子,促使他们将青春热情转化为报效祖国的远大志向和实际行动。

# 第二节　中国共产党领导人的相关论述

中国共产党的领导人统筹中国发展的实际大局,在马克思主义的坚定指导下,不断创新和发展关于高校思政课的理论,其中包含着对新时代高校思政课建设"八个相统一"规律的相关论述。特别是党的十八大之后,习近平总书记高度重视高校思政课的建设,他在学校思想政治理论课教师座谈会上提出的"八个相统一"规律成为思想政治教育领域中的一个特有命题。

## 一、毛泽东的相关论述

中国共产党历来重视高校思想政治工作,毛泽东在领导中国社会主义革命和建设过程中,创造和积累了丰富的思想政治教育思想和经验。毛泽东思想的方法论遵循马克思主义唯物辩证法,并以"理论联系实际"为主要观点。

要通过发挥马克思主义理论的力量来改造人的思想认识,需要正确把握改造对象在实践中所反映的现实需求，由此激发群体成员改造自身思想的重要动力。一方面，要从辩证唯物主义和历史唯物主义的观点出发，用马克思主义的观点去观察、分析、认识和解决问题。毛泽东指出："在全党中提高马克思列宁主义的理论水平是完全必要的，因为只有这种理论，才是引导中国革命走向胜利的指南针。"①这里更加凸显了马克思主义理论的理论深度和现实观照。另一方面，应该在学习马克思主义理论时注重将理论与实际相结合。马克思主义的理论体系由现实发轫，因此其理论观点将应用于现实视为最终旨归。毛泽东在《实践论》中指出："马克思主义的哲学认为十分重要的问题，不在于懂得了客观世界的规律性，因而能够解释世界，而在于拿了这种对于客观规律性的认识去能动地改造世界。"②理论与实践之间具有直接现实性，即可以直接作用于认识对象，把思想变为现实。理论的生命力来源于创新，只有在实践的基础上不断地挖掘新问题、持续深入研究新情况、坚持分析总结新经验，才能真正见证马克思主义的理论活力和思想朝气。

坚持社会主义的办学方向必须处于中心位置来管好、管实、管到位。一方面，要切实加强党对各级学校的领导。毛泽东提出："要下决心从党政两系统抽调几批得力而又适宜于做学校工作的干部去大、中学校工作，要赋予高等教育部和教育部以领导思想政治工作的任务。"③党对于各级学校的领导保证了各级学校在思想建设、发展道路等重要问题中坚定正确的走向，将马克思主义的思想精华与中国的现实情况

① 毛泽东选集：第1卷［M］．北京：人民出版社，1991：264.
② 毛泽东选集：第1卷［M］．北京：人民出版社，1991：292.
③ 中共中央文献研究室．毛泽东年谱（1949—1976）：第3卷［M］．北京：中央文献出版社，2013：114.

结合起来。同时，党对各级学校的领导既要明确地反映中国社会主义高校的政治属性，又要充分重视中国国情的具体实践，这样才能有效保障各级学校社会主义的办学方向"不偏航"。另一方面，各级学校要牢牢把握培养无产阶级革命接班人的育人导向。培养社会主义建设者和接班人是毛泽东思考的重要命题，在马克思主义的科学指引下，广大青年在感受马克思主义理论的感染力和影响力的同时，将会树立正确的三观，将建设社会主义的伟大祖国内化于心，并外化为自己自觉的行动追求。

鼓励广大青年将书本知识与社会实践紧密结合。一方面，要在发现问题的基础上分析问题和解决问题，最终做到密切结合实际。毛泽东指出："至于延安的学校，如中央党校、延安大学、行政学院也要着重联系实际。"[①] 所以，教育要联系青年大学生的实际情况，根据青年大学生的实际情况来设计教学的内容与计划，这实际上也是"理论性和实践性相统一"的生动反映。同时，毛泽东在《反对本本主义》一书中所作的著名论断"没有调查，没有发言权"，其中也蕴含了"理论性和实践性相统一"的实际要求，他用"十月怀胎"和"一朝分娩"来形容调查问题和解决问题的关系。因此，学习和运用马克思主义必须结合实际情况，在解决问题的过程中，必须调查研究，不能盲目地照搬。另一方面，要避免陷入教条主义的桎梏。毛泽东明确提出："文科要把整个社会作为自己的工厂。师生应该接触农民和城市工人，接触工业和农业。不然，大学生毕业，用处不大。"[②] 由此可以看出，毛泽

---

① 毛泽东文集：第3卷［M］. 北京：人民出版社，1996：117.
② 中共中央文献研究室. 毛泽东年谱（1949—1976）：第5卷［M］. 北京：中央文献出版社，2013：401.

东反对不重视实践的教条主义，他指出不重视实践的教条主义会使理论和实践出现脱节的不良情况，从字里行间可以看出这显然是一种不值得倡导的做法。所以，他也指出了与此相对的正确的做法是，要鼓励大学生积极投身社会实践，在实践中形成主观与客观、理论与实践、思想水平与政治素质的有机统一。

毛泽东的相关论述中涉及的提升马克思主义理论的理论水平、联系大学生实际将理论与实际相结合等具有特殊的历史意义，在新民主主义革命和社会主义革命时期，对提升高等学校政治理论课的课程目标、课程内容、课程方法、课程质量等发挥了重要作用。虽然今天的社会发展环境发生了变化，但是毛泽东的相关论述对新时代高校思政课建设"八个相统一"规律研究仍具有重要的借鉴和指导意义。

## 二、邓小平的相关论述

党的十一届三中全会以后，在我国经济建设取得显著发展的同时，部分群众的思想层面出现了不同程度的问题，思想政治教育的作用日益凸显。对此，邓小平提出理论联系实际的思想，围绕理论联系实际思想产生的相关论述对丰富和发展"八个相统一"规律具有重要意义。

要充分认识到思想政治教育的重要性。邓小平将思想政治教育视为一种宝贵的精神资源，他在思想政治教育方面的独到见解，逐渐形成邓小平理论。第一，要始终把政治导向放在正确的位置。邓小平指出："我们一定要把思想政治教育放在非常重要的地位，切实认真做好，不能放松。"① 在此基础上，他明确地指出思想政治教育在学校教育

① 邓小平文选：第2卷 [M]. 北京：人民出版社，1994：342.

中的目标，即"学校应该永远把坚定正确的政治方向放在第一位"①，同时他参照学校教育中的目标指出思想政治教育在学校教育中应该设置的具体内容，即"要加强各级学校的政治教育、形势教育、思想教育，包括人生观教育、道德教育"②。统筹思想政治教育在学校教育中的育人目标和具体内容需要注重正确的政治导向。在正确政治方向的引导下，学校思想政治教育的目标、内容、方法才得以正常运转，这也成为"八个相统一"规律的重要理论渊源，政治性是"八个相统一"规律中首先强调的要点。第二，要求对青年进行鼓励和关怀。育德是一项长期的系统工程，邓小平曾多次重点关注对青年群体的人文关怀，对青年群体进行人文关怀的关键在于对青年群体的思想政治教育。具体体现在，不仅要坚持理论联系实际的教学方法，还要联系受教育者的实际，客观分析青年大学生群体的思想觉悟、社会经历、实践能力等差异，根据不同的个体特点推动工作，在以人为本的基础上推进思想政治教育，努力培养德才兼备的人才。

要把思想政治教育工作落实到实践中。邓小平指出："只有解放思想，坚持实事求是，一切从实际出发，理论联系实际，我们的社会主义现代化建设才能顺利进行，我们党的马列主义、毛泽东思想的理论也才能顺利发展。"③要把理论和实践结合起来，理论必须紧密联系现实中的情况，回答和解决社会主义现代化建设和社会生活中所提出的各种问题。一方面，将理论的掌握深度放在优先地位是理论联系实际的关键所在。理论必须要在深度思考、理解中才可以知晓其深邃的洞

---

① 邓小平文选：第2卷［M］. 北京：人民出版社，1994：104.
② 邓小平文选：第2卷［M］. 北京：人民出版社，1994：369.
③ 邓小平文选：第2卷［M］. 北京：人民出版社，1994：143.

察以及系统的建构，并且需要在实践中验证理论的深刻逻辑，如果单纯地从理论角度理解，没有联系实际情况，就会使理论显得比较"空洞"，也就无法领悟理论的真正蕴意。邓小平指出："努力针对新的实际，掌握马克思主义基本理论。"① 理论在实践中获得了新的发展，对于理论内涵的深度思考也在实践中不断丰富和发展。另一方面，理论联系实际，就要全面、深入地了解实际情况，尤其是要联系当前的实际情况。邓小平指出："针对客观现实，采取实事求是的态度，一切从实际出发。"② 要以辩证的思维看待理论与实践的关系问题，理论与实践是相互统一和相辅相成的，理论在实践中"如鱼得水"，若失去了实践，再好的理论也是"空中楼阁"。因此，要正确处理好理论与实践之间的关系，并找到将理论与实践相结合的平衡点，这也是对"八个相统一"规律中的"坚持理论性和实践性相统一"的重要遵循和科学诠释。

正确处理好劳动和教育的关系。邓小平充分汲取前人的思想智慧，遵循马克思主义关于教育与生产劳动相结合的基本原理，同时借鉴毛泽东关于教育必须与生产劳动相结合的教育意见，从理论联系实际出发，对如何将教育和生产劳动结合起来进行了深入浅出的探讨。他强调："在无产阶级取得政权之后，这是培养理论与实际结合、学用一致、全面发展的新人的根本途径，是逐步消灭脑力劳动和体力劳动差别的重要措施。"③ 实际上，处理好教育和劳动的关系就是处理好理论与实践、书本知识及生产劳动之间的关系。邓小平注重大学生理论和实

---

① 邓小平文选：第3卷［M］. 北京：人民出版社，1993：147.
② 邓小平文选：第2卷［M］. 北京：人民出版社，1994：113–114.
③ 邓小平文选：第2卷［M］. 北京：人民出版社，1994：107.

践能力的塑造，着力培养德才兼备、全面发展的人才，他强调："在假期，要把大学生的活动搞得生动活泼，多样化。"①由此可见，正确处理好教育和劳动的关系，不仅关乎学校的教育质量，这种要求理论和实践能力齐头并进的能力也是"八个相统一"规律的重要参考。

邓小平的相关论述形成于改革开放的历史大势中，突出反映了理论联系实际的基本要求和目标方向。科学把握这些重要论述，就是要深入研究"八个相统一"规律的目标方向、实践要求，不仅有助于理解新时代高校思政课建设"八个相统一"规律的历史脉络，并且探索其理论蕴含的意义，有益于推动"八个相统一"规律持续发展。

### 三、江泽民的相关论述

中共十三届四中全会以来，江泽民在"如何建设党"这个问题上进行了积极的探索，形成了丰富的党建思想，这为新时代高校思政课建设"八个相统一"规律指明了方向和着力点。

要有针对性地开展思想政治工作。江泽民十分重视思想政治工作的开展，他指出："开展思想政治工作，要注意因地制宜，因人制宜，因事制宜，因时制宜。"②这段重要论述明确回答了开展思想政治工作的基本原则、针对人群、方法要求等，其中因地制宜、因人制宜、因事制宜蕴含着对开展思想政治工作的多样性的相关思考，坚持统一性和多样性相统一可以从这些相关思考中汲取丰富的理论滋养。因此，这段重要论述所包含的对多样性的深入思考是对"八个相统一"规律的科学诠释，同时也是"八个相统一"规律的重要遵循。

---

① 邓小平文选：第2卷［M］. 北京：人民出版社，1994：55.

② 江泽民文选：第3卷［M］. 北京：人民出版社，2006：90.

　　注重不同条件下的方法变换是做好思想政治工作的关键所在。一方面，思想政治工作是经济工作和其他各项工作的"生命线"，因此要把党的路线方针政策落实到各个方面。江泽民非常重视党的思想政治工作的建设，特别注重对青年大学生群体的关注程度，江泽民明确要求，"希望各级党委和政府的领导同志，要高度重视教育青少年大学生的思想工作"①。通过党的思想政治工作把党的路线方针政策贯彻到群众的生活中，特别是要注意了解青年大学生的思想动态，在把握住青年大学生思想动态的基础上，使全国各族人民的思想政治基础得到巩固和发展。另一方面，开展思想政治工作要创新思路方法。江泽民认为，"开展思想政治工作，要力求做到生动活泼、群众喜闻乐见"②。要想有效地发挥思想政治工作的作用，就不能只照搬旧有的做法，要尝试方式方法的创新。他还指出："思想工作必须讲求春风化雨，润物无声，耐心细致，潜移默化。"③要避免形式主义、简单僵化，要不断拓宽思想政治工作的空间和途径，增强思想政治工作的时效性和针对性。因此，在加强和改进思想政治工作的过程中，不仅要继承优良传统，更要不断改革创新，在原有的工作方式中将"春风化雨""耐心细致"的显性教育和"潜移默化""润物无声"的隐性教育相结合。只有以此为指导，才能不断增强思想政治工作的生命力和感召力，为"八个相统一"规律的实践提供不竭的内在动力。

　　鼓励青年大学生将学得的知识用于实践，并在实践中进一步领悟和巩固知识。江泽民在纪念北京大学建校百年之际，用历史联系现实、

---

① 江泽民文选：第2卷［M］. 北京：人民出版社，2006：590.
② 江泽民文选：第3卷［M］. 北京：人民出版社，2006：93.
③ 江泽民文选：第3卷［M］. 北京：人民出版社，2006：93.

理论联系实际的科学思维方式，向广大青年学子提出了"四个统一"的要求。其中，江泽民特别指出，"希望你们坚持学习书本知识与投身社会实践的统一"①。在引导青年大学生实现知行合一的同时，鼓励青年大学生将书本知识与社会实践结合起来，鼓励大学生不但要从书本上学到更多的东西，更要把所学的东西运用到社会实践中，在实践锻炼中持续地学习提升。江泽民指出，"不能整天把青年大学生禁锢在书本上和屋子里，要让他们参加一些社会实践，打开他们的视野，增长他们的社会经验"②。他认为，社会实践才是大学生更容易获取知识体验的重要来源，通过社会实践可以进一步获得课堂中无法直接获得的知识体验，全面提高大学生的自身素质。这些重要论述明确了坚持理论性和实践性相统一的价值取向，同时也为"八个相统一"规律引领了基本方向，成为"八个相统一"规律的重要遵循。

### 四、胡锦涛的相关论述

党的十六大以来，中国特色社会主义理论得到了进一步的发展，并逐渐形成了科学发展观。它们为新时代高校思政课建设"八个相统一"规律研究奠定了坚实的理论基础。

要注重大学生的社会实践。胡锦涛指出："社会实践始终是青年一代锻炼成长的大课堂。"③这一论述点明了大学生社会实践活动的重要意义，在充分肯定青年在中国社会发展进程中发挥重要作用的基础上，他还指出，广大青年特别是青年大学生，作为有志青年的当代大学生，

---

① 江泽民文选：第2卷［M］. 北京：人民出版社，2006：124.
② 江泽民文选：第2卷［M］. 北京：人民出版社，2006：589.
③ 胡锦涛. 在推进伟大事业中建功成才［N］. 中国青年报，1998-05-04（1）.

需要在实践中不断丰富和充实自己的理论素养,结合自己所学所感将其运用在一切生活中,与人民群众和工农紧紧结合在一起。① 大学生积极投身社会实践,不仅有助于在实践经历中巩固所学的理论知识,而且有助于加深对理论知识的理解,进一步深化对中国特色社会主义理论体系的认识,同时还有助于在走出校园的过程中,了解社会、国家的现状,增长见识与丰富履历。这些重要论述也成为"八个相统一"规律在育人方法层面的重要遵循,"八个相统一"规律注重社会实践在大学生培养过程中的重要作用,明确了大学生思想政治教育的基本路径,即要注重理论与实践的结合,在理论灌输的同时也要鼓励实践。事实证明,"八个相统一"规律也充分意识到理论与实践结合的重要性,将理论结合实践视为在育人方法层面的重要遵循。

理论与实践相结合是中国共产党的优秀作风,开展大学生思想政治教育也必须继承和发扬这一优良传统。一方面,要在理论和实践的结合中使青年大学生在深入社会、了解社会后形成服务社会的自觉意识。胡锦涛指出:"要坚持政治理论教育与社会实践相结合,既搞好课堂教育,又注重引导大学生深入社会、了解社会、服务社会。"② 理论和实践是实现青年大学生"知行合一"的"鸟之两翼",两者缺一不可。青年大学生在社会实践中可以亲身体验到我国自成立以来、历经改革开放后所取得的宏伟佳绩,切身收获民族自豪感以及集体荣誉感,他们在亲身感受后充分体会到社会主义的优越性,并自觉地拥护党组织,坚定自身的理想信念。另一方面,要寻找理论和实践之间的平衡点、

---

① 胡锦涛.发扬伟大的爱国主义精神 为建设有中国特色社会主义努力奋斗 [N].人民日报,1999-05-05(1).

② 中共中央文献研究室.十六大以来重要文献选编:中[M].北京:中央文献出版社,2006:641.

连接点。胡锦涛强调："我们要通过大力发展教育事业，全面加强和改进德育、智育、体育、美育，坚持文化知识学习和思想品德修养的统一、理论学习和社会实践的统一、全面发展和个性发展的统一，不断促进人的全面发展。"①这一重要论述为加强大学生的具体实践提供了指导意见，也在鼓励大学生注重采用多种方式积极地投身实践，在投身实践的过程中接受磨砺。综上所述，重视理论与实践的结合要求"八个相统一"规律既要注重在理论层面以透彻性的学理分析引导大学生，为青年大学生筑牢知识理论体系，也要通过多种形式的实践活动论证和加深理论，最终帮助青年大学生在习得理论的基础上，拥有面对具体实践的信心，具备面对实际困难的决心，获得战胜困难的技能。

### 五、习近平的相关论述

党的十八大以来，以习近平同志为核心的党中央高度重视高校思政课的建设。2019年，习近平在学校思想政治理论课教师座谈会上正式提出"八个相统一"规律。习近平对"八个相统一"规律的思考不断深入，反映出新时代高校思政课建设的新要求。习近平的相关论述是新时代高校思政课"八个相统一"规律理论架构的重要支撑。

新时代高校思政课具备政治属性、学理属性、价值属性、育人属性等多种属性。一方面，新时代高校思政课是铸魂育人的重要课程，它既有鲜明的政治属性，又有丰富的学理内涵。教育部于2018年4月颁布了《新时代高校思想政治理论课教学工作基本要求》，阐述了新时代高校思政课的指导思想、提高教学质量的基本原理、提高教学质量

---

①　胡锦涛.在全国教育工作会议上的讲话［EB/OL］.教育部政府门户网站，2010-07-13.

等的几个基本措施。这一文件指出，要更加突出高校思想政治理论课教学工作的重要地位，更加重视加强和改进教学管理工作，更加重视提升教学质量工作，提升思想政治理论课的亲和力和针对性，全面推动习近平新时代中国特色社会主义思想"三进"工程，牢固树立"四个意识"，坚定"四个自信"，培养德智体美全面发展的中国特色社会主义合格建设者和接班人，培养担当民族复兴大任的时代新人。① 在新时代高校思政课政治性的统领下，其学理性可以透彻地被大学生理解，新时代高校思政课不仅具有思想深度，也具备了学理建构，有助于提升新时代高校思政课在大学生群体中的亲和力和说服力。另一方面，新时代高校思政课在提高大学生知识和能力的基础上，同时强调对大学生的价值引导，帮助大学生引导正确的情感态度和价值观念。习近平指出："培养社会主义建设者和接班人，是我们党的教育方针，是我国各级各类学校的共同使命。"② 这也点明了新时代高校思政课除了要承担起知识传承积累的重要使命，由于直接面对青年大学生群体，因此还需要帮助当代大学生树立马克思主义信仰，传递马克思主义价值观念。综上所述，"八个相统一"规律反映了新时代高校思政课具备政治属性、学理属性、价值属性、育人属性等多种属性。"八个相统一"规律实则理顺了新时代高校思政课的内部脉络，将新时代高校思政课的多种属性有效串联起来。所以，新时代高校思政课的发展创新离不开"八个相统一"规律的"保驾护航"，"八个相统一"规律是新时代高校思政课建设不可或缺的重要助力。

① 教育部印发《新时代高校思想政治理论课教学工作基本要求》[EB/OL]. 教育部政府门户网站，2018-04-26.
② 习近平在北京大学考察时强调 抓住培养社会主义建设者和接班人根本任务 努力建设中国特色世界一流大学 [N]. 人民日报，2018-05-02（1）.

以整体思维推动高校思政课的创新和发展。在高校思政课创新和发展的过程中，一些过往的具体做法体现了"八个相统一"规律的基本原则和内容。具体来看，第一，注重高校思政课教材体系的衔接与协同。针对过往部分高校思政课存在着整体规划与协调不足的问题，教育部于2014年3月印发《关于全面深化课程改革落实立德树人根本任务的意见》，在教材体系设计层面，教育部组织力量编写、修订高校思想政治理论课的教材，在教材的编写和修订过程中根据课程标准和教学大纲等，要求加强各学段教材的上下衔接与横向配合。① 高校思政课教材体系的设计还应注重各相关部分教学内容的可操作性，应结合大学生的实际情况，合理安排教学内容，增强教学内容的生动性和新颖性，以此增强对大学生的吸引力。第二，加强高校思政课教学体系的创新。针对过往一些高校思政课存在的教学创新动力不足的问题，中共中央宣传部、教育部于2015年7月联合印发《普通高校思想政治理论课建设体系创新计划》，明确指出高校思想政治理论课建设体系创新的必要性、指导思想、基本原则、重点内容等多方面的指导意见。② 其中，在高校思政课的教学科研中，既要使理论研究在教学中起到支撑作用，也要重视实践环节的教育功能，这充分体现了理论性与实践性的统一。在高校思政课的教学过程中，老师要在讲课过程中为大学生提供交流、互动、展示的机会和平台，鼓励大学生主动地参与课堂教学，这是坚持主导性与主体性相统一的集中反映。在高校思政课的育人资源融合中，要将课堂教学与日常教育、思想政治理论课与专业

---

① 教育部思想政治工作司组编.加强和改进大学生思想政治教育重要文献选编（1978—2014）[M]. 北京：知识产权出版社，2015：674—677.

② 中央宣传部 教育部关于印发《普通高校思想政治理论课建设体系创新计划》的通知 [EB/OL]. 教育部政府门户网站，2015-07-30.

课、校内与校外相结合，注重资源整合，注重发挥多种资源的育人功能，这是显性教育和隐性教育相统一的体现。第三，全面提升高校思政课的教学质量。一些全面提升高校思政课教学质量的具体做法中蕴含着关于"八个相统一"规律的思路。2017年2月，中共中央、国务院印发了《关于加强和改进新形势下高校思想政治工作的意见》，为加强高校思想政治理论课的建设提供了一种新的思路。其中，该文件着重阐述了哲学社会科学的教育职能，要加强马克思主义理论学科的领导地位，形成富有中国特色、世界视野的哲学、历史学、经济学、政治学、法学、社会学、民族学、新闻学、人口学、宗教学、心理学等学科，并在此基础上，建立一批具有中国特色、世界一流的哲学社会科学学科。[①] 这实际上反映了坚持显性教育和隐性教育相统一的"大思政"格局的建构思路。教育部于2018年4月颁布了《新时代高校思想政治理论课教学工作基本要求》，明确了高校思想政治理论课在新时代的指导思想、提升高校思想政治理论课教学质量的基本原则及提升教学质量的具体步骤。[②] 在教学方法的科学化应用上，新时代高校思想政治理论课要注重理论与实践的结合，注重结合教学实际，注重实践教学效果，针对大学生思想和认知特点开展教学实践活动，努力达到"配方"先进、"工艺"精湛、"包装"时尚。新时代高校思政课也要坚持主导性和主体性相统一，在课堂教学中应坚持以大学生为中心、以教师为主导、强化师生互动、激发大学生主观能动性的原则。2019年8月，中共中央办公厅、国务院办公厅印发了《关于深化新时代学校思

---

① 中共中央　国务院印发《关于加强和改进新形势下高校思想政治工作的意见》［EB/OL］. 人民网教育频道，2017–02–28.

② 教育部关于印发《新时代高校思想政治理论课教学工作基本要求》的通知［EB/OL］. 教育部政府门户网站，2018–04–13.

想政治理论课改革创新的若干意见》，该文件对新时代学校思想政治理论课课程教材体系、教师队伍等方面提出总体要求，以期不断增强思政课的思想性、理论性和亲和力、针对性。①由于此时"八个相统一"规律已经正式提出，这一文件从新时代学校思想政治理论课改革创新的总体要求以及具体措施等方面做出的明确规定成为"八个相统一"规律的重要遵循。

系统概括新时代高校思政课的运行规律。党的十八大以来，习近平十分重视高校思政课的建设，深入探讨了高校思政课的深层规律。2016年，习近平在全国高校思想政治工作会议上强调："要遵循思想政治工作规律，遵循教育育人规律，遵循大学生成长规律，不断提高工作能力和水平。"②这是从思想政治工作的角度对其运行规律的高度概括，由于高校思政课是思想政治工作的子系统，所以这也是对高校思政课本质规律进行概括的一次有益尝试。2019年，习近平在学校思想政治理论课教师座谈会上指出，思想政治理论课是落实立德树人根本任务的关键课程，推动思政课改革创新，要坚持政治性和学理性相统一、价值性和知识性相统一、建设性和批判性相统一、理论性和实践性相统一、统一性和多样性相统一、主导性和主体性相统一、灌输性和启发性相统一、显性教育和隐性教育相统一，不断增强思政课的思想性、理论性和亲和力、针对性。③"八个相统一"规律是推动新时代

---

① 中共中央办公厅 国务院办公厅印发《关于深化新时代学校思想政治理论课改革创新的若干意见》[EB/OL]. 中央人民政府门户网站，2019-08-14.

② 习近平在全国高校思想政治工作会议上强调 把思想政治工作贯穿教育教学全过程 开创我国高等教育事业发展新局面[N]. 人民日报，2016-12-09（1）.

③ 习近平主持召开学校思想政治理论课教师座谈会强调 用新时代中国特色社会主义思想铸魂育人，贯彻党的教育方针落实立德树人根本任务[N]. 人民日报，2019-03-19（1）.

高校思政课改革创新的重要原则，是不断增强其思想性、理论性和亲和力、针对性的关键所在。"八个相统一"规律首次从新时代高校思政课整体的视角出发，以系统性、科学性的思维阐释其政治属性、建设原则以及教学方法等，并将其融会贯通，是把握新时代高校思政课规律的一次"创举"。习近平的这些论述，既为新时代高校思政课建设指明了方向，也为在新时代高校思政课建设中充分贯彻"八个相统一"规律提供了重要遵循。

习近平关于新时代高校思政课建设的相关论述使"八个相统一"规律成为思想政治教育的重要范畴，也为"八个相统一"规律提供了深刻的理论基础和广阔的研究视野。在此基础上，研究"八个相统一"规律的内在机理，把握"八个相统一"规律的理论内涵和实践路径，成为分析"八个相统一"规律理论架构的着力点。

## 第三节　教育学理论的相关借鉴

教育学理论不仅是新时代高校思政课的重要理论滋养，而且为新时代高校思政课建设"八个相统一"规律提供了坚实的理论支撑。要进一步在教育学理论中明确新时代高校思政课建设"八个相统一"规律的目标指向、运作原则、教育原理等基本理论问题，探索教育学理论中关于新时代高校思政课建设"八个相统一"规律的理论支撑。

### 一、遵循教育内在规律

遵循教育规律是实现教学目标的必然选择。所谓教育规律，是指不以人们意志为转移的教育内部诸要素之间、教育与其他事物之间具有的本质性的联系，以及教育发展变化过程的规律性。[①]因此需要遵循认识教育规律、利用教育规律的逻辑进路、充分发挥主观能动性，在教育活动中去体现教育规律。在认识教育规律的层面，既要从宏观的视角把握教育规律的规定性，明确教育规律发生作用的整体过程，也要从微观的视角厘清教育规律的某个部分、某个方面、某个环节等，明晰教育规律的具体适用范围。在利用教育规律层面，不仅要通过剖析教育活动的宏观、中观、微观层面进而深入探究教育规律运行的条件，也要依据主观能动性创造出教育规律发生作用的条件，通过遵循教育规律促进教育过程，最终把对教育规律的深刻理解转变为对实际教学活动的重要指导。对于新时代高校思政课来说，探索新时代高校思政课建设的重要动力，推动新时代高校思政课的内涵式发展也建立在遵循新时代高校思政课运行规律的基础上。"八个相统一"规律通过在课程价值层面、课程建设层面、课程方法论层面中认识新时代高校思政课规律发生作用的内在关系，并对其不断概括、深化，总结出推动新时代高校思政课建设发展的内在规律，有助于推动新时代高校思政课的持续发展。

遵循教育规律必须遵循受教育者的身心发展规律。遵循教育规律应充分考虑到教育的构成要素，教育的构成要素可以分为教育者、受教育者和教育影响三个方面。其中，受教育者是教育影响的对象和学习活动的主体。[②]由此可见，遵循受教育者的身心发展规律是遵循教育规律的必然要求，如果教育活动离开了受教育者，教育活动就失去了

---

① 王道俊，郭文安.教育学［M］.7版.北京：人民教育出版社，2016：212.

② 扈中平，等.现代教育学［M］.新编本.北京：高等教育出版社，2000：113.

其赖以生存的载体。遵循受教育者的身心发展规律需要重点考虑受教育者的接受能力和理解程度，因此要将受教育者的实际需要和切实感受作为衡量教育活动的重要指标。一方面，要考虑到受教育者的身心特点，如顺序性和阶段性、稳定性和可变性、发展速度的不均匀性以及个别差异性等特点。[①] 在具体的教育活动中的体现就是以大学生为本，突出大学生的主体地位，以激发大学生的主动性和积极性为重要目标，培养大学生的主体意识。另一方面，要兼顾受教育者的自我发展需求。受教育者对于教育活动不是完全被动地接受，他们有着明显的个性特点和发展需求，因此开展教育活动应当充分考虑受教育者的发展需要和内心需求，教育活动的选择既要把握使受教育者全面发展的客观需要，也要充分考虑受教育者的个性发展需求，实现个性发展与全面发展的有机结合。遵循受教育者的身心发展规律对"八个相统一"规律具有重要的理论借鉴，"八个相统一"规律需要在尊重受教育者身心发展规律的基础上，充分考虑受教育者的个性发展需求，满足其正当的成长发展需求和期待，帮助他们实现人生价值目标，促进其全面发展。

　　教育规律受社会环境的制约。离开了教育与社会环境诸因素之间、教育内部诸要素之间的相互联系和相互作用，就无所谓教育规律。[②] 作为社会系统中的一个重要子系统，教育规律不仅与个体的发展历程息息相关，而且与社会的环境息息相通。教育规律必须与社会所处的生产力发展水平相适应，生产力的发展水平直接影响社会为教育规律提供的物质条件，也决定着个人在社会中的发展空间和潜力。教育规律受社会环境制约启发"八个相统一"规律在实际运行过程中关注社会

---

① 南京师范大学教育系. 教育学 [M]. 北京：人民教育出版, 2001：93-97.

② 扈中平，等. 现代教育学 [M]. 新编本. 北京：高等教育出版社, 2000：114.

育人环境，充分运用社会中的育人资源和育人力量，并充分考虑社会发展的环境要素。"八个相统一"规律在育人活动中不仅具备自身独特的内部系统运行方式，而且需要在社会环境层面考虑育人活动的外部系统运行方式，将各种有利于促进育人活动的育人要素利用起来。

## 二、把握教育主体间性

当代的师生关系是"我—你"主体间性对话关系。"主体间性教育摆脱了自我的、支配—依附关系的教育行为，实现了主体间交互性的、民主—平等的关系，这是对个人主体性教育的超越。"[①]师生关系主体间性的对话关系中蕴含着对坚持大学生主体性的思考，坚持大学生的主体性体现了师生关系中的平等性、交互性、对话性。第一，师生关系的平等性体现在教师与大学生之间没有因为在教育活动中的各自角色而产生隔阂或距离。师生之间的平等性不仅体现在地位平等，而且更多地体现在交流平等、表达平等、身份平等之中。教师应该是"除他的正式职能以外，他将越来越成为一个顾问，一个交换意见的参与者，一个帮助发现矛盾论点，而不是拿出现成真理的人"[②]。在教学活动中，教师要承担起启发和引导的作用，并要给予大学生足够的机会在课堂中找到自己的兴趣点、发现自己的研究点、习得自己的技能点。第二，师生关系的交互性体现在教师和大学生在教学活动中的良性互动。在教学活动中，教师要通过与大学生的交流互动，不仅使大学生在知识和眼界上有所提升，而且要在与大学生的交流中提升其体验感。教师

---

① 刘燕楠，李姣姣.从主体间性到他者性：主体教育的当代价值取向［J］.高等教育研究，2020（12）：10-15.

② 联合国教科文组织国际教育发展委员会.学会生存：教育世界的今天和明天［M］.华东师范大学比较教育研究所，译.北京：教育科学出版社，1996：118-119.

在与大学生的平等对话中给予大学生话语权的自由，使大学生在教学活动中感受到被尊重。第三，师生关系中的对话性实际蕴含了平等的交流机会、顺畅的交流机制、稳定的交流途径。师生在彼此信任、认可、支持的基础上能够站在对方的角度考虑，并且在沟通中搜寻双方的共同情绪、共同体验、共同想法等，在相互理解的基础上形成真诚、稳定、长久的交流。因此，师生关系主体间性的对话关系中蕴含的师生关系对"坚持主导性和主体性相统一"有着直接的借鉴意义，也在师生关系建设原则层面为"八个相统一"规律提供了重要的理论参考。"八个相统一"规律在处理师生关系时要充分遵循师生主体间性的教育学原理，形成民主平等、真诚沟通、合作对话的师生关系。

把握教育的主体间性要正确认识和把握教师和大学生之间的关系。"发挥教师的主导作用是激发大学生学习主动性、使大学生简捷有效地学习知识、发展身心的必要条件；而调动大学生的学习主动性又是教师正确而有效地发挥主导作用的重要前提。"[1] 因此，教育过程中的教师与大学生是辩证统一的，两者缺一不可。一方面，要在教育活动中充分发挥教师的主导性。在教学活动中，教师要通过启发、激励、示范、引导等帮助大学生习得知识并养成良好品行。由于大学生还处于未成熟的状态，而教师在知识的专业性、生活的智慧等方面"闻道在先"，要通过组织合理的教学活动持续发挥大学生的学习主动性、积极性。另一方面，要在教育活动中充分发挥大学生的主体性。良好的师生关系无法单靠教师来实现，必须要有大学生这一重要主体的积极参与。教育学中对大学生主体性的表现做出以下三方面的规定。一是对

---

① 扈中平，等.现代教育学［M］.新编本.北京：高等教育出版社，2000：356.

教育的选择性，这就是说大学生对教师的教育影响并非无条件地接纳，而是基于其主观意识进行自主选择；二是学习的个体性，大学生由于自身学习能力与水平、学习目标与动力、个体心理特征等不同，对学习效果的把握也不尽相同；三是学习的创造性，处于成长发展阶段的大学生思维较为活跃、观点较为新颖，在完成既定学习任务时选择的思路、方式以及看待问题的角度也不尽相同，往往会在师生观点的交流中创造出新的"思想火花"。因此，把握教育主体间性中蕴含着坚持主导性和主体性相统一的价值旨归，这为"八个相统一"规律提供了重要的遵循。"八个相统一"规律应当充分吸取教育学相关的理念与经验，借鉴教育主体间性，构建良好的师生互动关系。

把握教育主体间性强调在师生关系互动过程中相得益彰，形成动态的平衡。教师需要在教学活动中做到在一定程度上理解和包容大学生的想法以及性格，在一定程度上体察和关心大学生的需求以及发展，并在一定程度上平复大学生的思绪以及帮助大学生解决遇到的困难。大学生也要改变过往因畏惧师长而拒绝表达的情况，要正确认识与教师的关系，明确师长的引路、陪伴、示范的积极作用，对师长保持尊敬并和谐共处。这也为"八个相统一"规律处理师生关系提供了理论参考。特别是对于"坚持主导性和主体性相统一"来说，把握教育主体间性更是为其提供了直接的理论参考。"八个相统一"规律通过借鉴教育主体间性，有助于正确认识教学活动中的师生关系，对于推进新时代高校思政课建设发展具有重要意义。

### 三、对教育对象因材施教

对教育对象因材施教是教育学在方法论层面必须遵循的具体要求。

对教育对象因材施教是指教师要从大学生的实际情况与个性特点出发，有的放矢地进行有区别的教学，使每个大学生都能扬长避短、长善救失，获得最佳发展。[①] 对教育对象因材施教包含以下三个方面的要求。其一，要尊重教育对象的个体心理差异。因每个大学生的性格、心理、个性不同，同时他们的家庭背景、生活经历、思想观念也不尽相同，因此每个大学生均是独立且特别的存在。教师面对性格各异、状态不同的大学生要采取更加理解、包容的心态，在日常的相处中熟悉和了解大学生们的特点，为针对性指导大学生打好基础。其二，要深刻理解教育对象的个性差异。教师在了解大学生的兴趣、爱好、能力、性格等基础上，形成对大学生个性的认识，并根据大学生的个人特点为其制定有针对性的教学方法，因为往往结合大学生兴趣、爱好等制订的培养计划和教学方法会使大学生更快地接受、更好地执行。其三，要知晓不同教育对象的接受特点。比如对于学有余力的大学生，要适当地拔高学习任务的标准和难度，使他们在突破自己的"舒适区"的同时扩展自己的知识边界；对于学习能力稍弱的大学生，要适当地将学习任务拆解成一些比较容易达成的目标，根据每个大学生的个人情况分级、分类、分段完成教学目标。对教育对象因材施教不仅是教育学方法论层面的具体要求，同时也是思想政治教育工作者们常用的教育方式，对教育对象因材施教所展现出的注重教育对象的个体性、差异性、自主性等在思想政治教育内化过程中具有重要效用，这也为"八个相统一"规律提供了重要的理论支撑。

从教育心理学的角度来看，因材施教是针对大学生心理差异而采

---

① 王道俊，郭文安.教育学［M］. 7版.北京：人民教育出版社，2016：212.

取的有差别的教学方法，其目的是使大学生获得最佳发展。其中，心理差异是指人在认知、情感、意志等心理活动过程中表现出来的相对稳定而又不同于他人的心理特征方面的差异，它包括个体心理差异和群体心理差异两方面。[①] 教育学从教学心理学的角度出发，通过分析个体的成长阶段、神经类型、心理特点的差异性，指出应当根据受教育者身心差异采取因材施教式的教学方法。在教学活动中充分考虑到受教育者身心的差异性，就必须要了解和研究教育对象的兴趣、爱好、需要以及动机倾向等，并基于每个教育对象的身心发展特点来设计具体的教学方法和教学模式。对教育对象因材施教的教育方法蕴含着对"统一性"和"多样性"的思考，这为"八个相统一"规律提供了重要启发，"八个相统一"规律要注重实际教学过程中的差异性，在充分考虑到大学生群体思想特点和性格差异的基础上，实行有针对性的教育方法。

对教育对象因材施教为教育对象的全面发展创造了条件。"教育要培养出社会所需要的不同层次、不同规格、不同个性特点的多种多样的人才；而大学生本身的天赋、能力、性格、兴趣、爱好、气质等个性特点是千差万别的。"[②] 在教学活动中，不同的教育对象决定着他们的秉性、才能、思维、行动等各不相同，每个教育对象均是独立而又独特的存在，正是因为存在个性迥异的教育对象，教育活动才充满了不可预见性。因材施教基于受教育者的个体差异，从营造适合受教育者的教育活动出发，在教育活动中充分尊重受教育者的差异，反对不顾大学生实际而采取"一刀切"的做法。因材施教在具体实施的过程中

---

① 张大均.教育心理学［M］.3版.北京：人民教育出版社，2015：479.
② 扈中平，等.现代教育学［M］.新编本.北京：高等教育出版社，2000：134.

应注重可接受性、可选择性、主体性三个维度。第一，因材施教要求教学活动的设计对于教育对象来说要具有可接受性。教学活动中关于教学的内容、方法、计划与进度应该符合受教育者的接受程度，既要量力而教，又要把握好受教育者接受程度的"舒适区"，探寻受教育者未来发展的可能性，适当地将教学的内容、计划调整至稍高于受教育者的现有水平。第二，因材施教要求教学活动的设计对于教育对象来说要具有可选择性。在教学活动中，教师要尽可能多地为大学生提供多层次、多类型、多方位的发展目标和培养方式，根据受教育者的实际接受能力，给予受教育者一定的自由度，让受教育者可以根据自己的条件和水平去选择和接受符合自己的教学模式。第三，因材施教要求在教学活动中要充分发挥大学生的主体作用。在教学过程中营造对话、交流、合作的教学环节和教学氛围，激发受教育者的学习兴趣，让受教育者感受到平等与尊重，提升受教育者的主动性、自主性和创造性，使受教育者愿意主动去探索知识。

综上所述，对教育对象因材施教所体现出的平等化的师生关系、多样化的教学方法、针对性的教学目标等对应着"八个相统一"规律的内涵及其要素，同时也在新时代高校思政课建设中发挥着重要的作用。

第二章

# 新时代高校思政课建设"八个相统一"规律的
# 时代价值

　　深化"八个相统一"规律研究对于促进新时代高校思政课建设的实践具有重要意义。新时代高校思政课建设"八个相统一"规律研究，是在"八个相统一"规律的视角下对新时代高校思政课建设的深化与创新，也为思想政治教育研究提供了一个新的可操作的学术增长点。同时，"八个相统一"规律从提升新时代高校思政课的课程质量、推动新时代高校思政课的改革创新、激发新时代高校思政课创新发展的重要动力、落实新时代高校思政课的育人目标这四个方面重点推进，成为新时代高校思政课建设不可或缺的重要助力。

　　新时代高校思政课建设"八个相统一"规律具有鲜明的时代价值，回应了新时代高校思政课建设过程中的热点问题，以及广大在校师生关注的重点问题，在总结我国过往高校思政课丰富实践经验的基础上，包含着对新时代高校思政课建设发展的目标原则、内容体系、运行方向的思考，不仅有效提升了新时代高校思政课的课程质量，而且为新时代高校思政课的改革创新提供了基本遵循，同时激发了新时代高校思政课创新发展的重要动力，最终落实新时代高校思政课的育人目标。

# 第一节　提升新时代高校思政课的课程质量

　　课程质量是衡量新时代高校思政课教育效果的重要标尺，有效提升新时代高校思政课的课程质量是亟须解决的时代课题，正是为了解决这一时代课题，"八个相统一"规律应运而生。"八个相统一"规律内涵丰富，围绕提升新时代高校思政课的课程质量，对其教学目标、教学理念、教学内容、教学方法等层面提出了具体要求。其中，既有关于在理论与实践层面提升新时代高校思政课课程质量的深入思考，也有对长期以来高校思政课重要规律的总结。

## 一、贯穿新时代高校思政课的教学目标

　　"八个相统一"规律与新时代高校思政课的教学目标具有高度的一致性。"八个相统一"规律是新时代高校思政课教学目标的生动反映，因此贯穿新时代高校思政课的教学目标是"八个相统一"规律的应有之义。我国的思想政治教育以共产主义为方向，直接作用于人的思想品德，是培养人的思想政治素质的活动。[①]新时代高校思政课作为思想政治教育的主渠道，不仅肩负着育人、育才的神圣使命，而且肩负着为祖国未来发展培养建设者和接班人的重要责任，同时还具有奠定青年大学生成长科学思想基础的重任。"八个相统一"规律与新时代高校

---

① 陈万柏，张耀灿.思想政治教育学原理［M］.2版.北京：高等教育出版社，2007：73.

思政课具有共同的价值目标,"八个相统一"规律能够得到广泛认同,最重要的一点就是其反映了新时代高校思政课的教学目标和育人价值,即将育德、育才落到实处。"八个相统一"规律从课程价值论、课程建设、教学方法论三个维度深化新时代高校思政课教学目标的深刻内涵,掌握科学的教学目标的划分标准,引领青年大学生形成符合党和人民事业发展要求的价值目标。

"八个相统一"规律贯穿新时代高校思政课的教学目标分别体现在认知层面、运用层面、信仰层面。在认知层面,"八个相统一"规律通过新时代高校思政课教育引导大学生逐渐认同、理解、掌握马克思主义理论的学理建构,形成牢固的知识体系;在运用层面,"八个相统一"规律立足新时代高校思政课建设的基本规律,旨在鼓励大学生自觉地运用马克思主义的立场、观点、方法,积极处理、解决大学生在生活与学习中遇到的实际问题,提升其知识迁移的能力、理论与实践结合的能力;在信仰层面,"八个相统一"规律的重要旨归是促进大学生在理论与实践的结合中不断提升精神境界和思想追求,在知与行的辩证关系中强化对马克思主义理论体系的认识,自觉形成共产主义的信仰。

## 二、精进新时代高校思政课的教学理念

当代青年大学生处于信息迅速迭代的成长环境中,他们的主体性意识普遍增强,传统的教学理念需要进行更新才能为他们所接受和认可。"八个相统一"规律贯彻了以大学生为中心的教学理念,深刻指出了新时代高校思政课深入大学生内心的原则和方法,在此过程中必然会精进新时代高校思政课的教学理念,具体体现在以下三个方面。

其一,"八个相统一"规律更加注重激发大学生的主体意识。当代

青年大学生展现出更加多样的主体性需求以及更加强烈的主体性表达的愿望。成长于网络信息迭代迅速的社会环境中,当代青年大学生获取信息的途径呈现出多元化的趋势,他们思维更加活跃、个性更加鲜明,他们也越来越希望在新时代高校思政课的课堂教学中"被重视"。大学生作为新时代高校思政课教育教学过程中的主体,能否让其在新时代高校思政课教学过程中收获参与感、体验获得感、获得幸福感,将直接决定着新时代高校思政课的教育效果。因此,"八个相统一"规律着重从师生关系的角度入手,其中坚持主导性和主体性相统一把握了师长与大学生之间关系的核心要义,强调新时代高校思政课教师在设计教学活动时,要抓住当代青年大学生的成长特点和规律,鼓励当代青年大学生真正成为课堂的主人,培养当代青年大学生具备独立思考的能力。

其二,"八个相统一"规律注重形成协同的教学理念。"八个相统一"规律中的每一对规律虽然也有清晰的边界,但绝非保守封闭,每一对规律相互之间也在不断地协同、配合。例如,从新时代高校思政课教学方法论层面来看,坚持灌输性和启发性相统一以及坚持显性教育和隐性教育相统一这两对规律在新时代高校思政课的实际教学中进行着大量的主动联系、信息交换、功能互补,并且与"八个相统一"规律中其他的几对矛盾也不断地发生着融合、联系、互补、优化,呈现出活跃的趋势。由此可见,协同的教学理念是"八个相统一"规律的重要特点,同时也是"八个相统一"规律中每一对规律之间相互联系、相互协同的重要连接点。

其三,"八个相统一"规律注重形成融合的教学理念。"八个相统一"规律对马克思主义科学的理论体系进行深入思考并融会贯通,其中蕴含着以唯物论、辩证法、价值论为基础的完整的知识系统。其中，"衔接"和"差异"是形成融合的教学理念的两个重要元素。一方面，"衔接"是形成融合的教学理念的必然要求。在"八个相统一"规律引领下形成融合的教学理念要深度契合新时代高校思政课的全面性和长效性，充分利用课程思政等其他相关课程的教育资源，将各种育人资源和育人力量融入新时代高校思政课中，使新时代高校思政课与其他各种育人资源和育人力量进行有效衔接。另一方面，"差异"也是形成融合的教学理念的重要组成部分。在"八个相统一"规律引领下形成融合的教学理念要在包含"差异"的基础上注重"衔接"、形成"共处"。"八个相统一"规律引导下的融合的教学理念不仅要保质保量地完成好"既定动作"，而且要大胆尝试"自选动作"，找到"自选动作"与"既定动作"之间的平衡点，找到在尝试创新教学理念过程中的差异因素，依据实际情况对教学理念的创新进行分级、分类。通过正视差异、了解差异、平衡差异等形成教学理念的升级与更新。

### 三、延展新时代高校思政课的教学内容

教学内容是开展新时代高校思政课的必要环节，新时代高校思政课在教学内容层面必须指向大学生、关注大学生、聚焦大学生。"八个相统一"规律中的坚持主导性和主体性相统一强调将以大学生为本贯穿于构建教育内容体系的全过程，强调不仅要向大学生们讲清楚、讲明白马克思主义理论体系的历史发展，而且要向大学生们讲透彻、讲深入马克思主义理论体系的学理思考，不断彰显马克思主义的科学性和思想性，引导大学生感悟马克思主义理论体系的独特魅力；同时，坚持主导性和主体性相统一，在设计教学内容时关注和解决大学生关

心的热点和难点问题，在实际问题的解答中增强大学生对于理论的信服力和认同度。

"八个相统一"规律延展新时代高校思政课的教学内容主要体现在以下三个方面。首先，"八个相统一"规律牢牢把握住了理论前沿。"八个相统一"规律既有稳定的理论构成，又不断吸纳新的理论创新成果，具体体现在既包括马克思主义理论体系，又包含其后继者们在实践基础上得到的理论创新成果。"八个相统一"规律在学科的理论滋养和智慧支持下，使新时代高校思政课的教学内容拥有了不断发展和延展的力量来源。其次，"八个相统一"规律牢牢把握住了实践前沿。习近平总书记强调："问题是创新的起点，也是创新的动力源。"①"八个相统一"规律紧紧围绕习近平总书记系列重要讲话精神，立足于新时代高校思政课的实际，聚焦于当代大学生成长发展需求和期待，在汲取实践精华的基础上不断地滋养、延展着新时代高校思政课的教学内容。最后，"八个相统一"规律牢牢把握住了大学生关心的热点问题。"八个相统一"规律充分考虑到当代大学生的特点与实际，并没有回避大学生们关心的热点问题，就大学生们所关心的现实问题从新时代高校思政课的原则目标、价值旨归、教学方法等方面进行了明确的阐释，在对不同教学内容的梳理和分析中不断地延展新时代高校思政课的内容体系。

## 四、丰富新时代高校思政课的教学方法

新时代高校思政课的教学方法是将其教学目标、教学理念、教学内容等落到实处的重要载体。在新时代高校思政课教学方法层面，充

---

① 习近平.在哲学社会科学工作座谈会上的讲话［M］.北京：人民出版社，2016：14.

满亲和力、针对性、多样性的教学方法有助于新时代高校思政课更好地拉近与当代大学生群体的距离感，增强新时代高校思政课的实效性。"八个相统一"规律在教学方法论层面揭示了新时代高校思政课在发展过程中内在的本质的联系，从宏观和微观两个角度明确、丰富了新时代高校思政课的教学方法。

从宏观的视角来看，"八个相统一"规律给出了丰富新时代高校思政课教学方法的总体方向。"八个相统一"规律中的坚持主导性和主体性相统一是新时代高校思政课教学方法的总体参考方向，新时代高校思政课教学方法的选择要充分考虑教师的主导作用和大学生的主体作用，强调师生积极性和主动性的协同发挥，这种协同以对话为前提，以互动为中心，以合作为目的。具体来看，坚持主导性和主体性相统一不仅是"以人为本"价值取向的回归，也是"合作对话"教学本质的回归，同时也把教师从"不堪承受之重"中、把大学生从"被动接受"中解放出来。① 所以，丰富新时代高校思政课教学方法需要遵循坚持主导性和主体性相统一。一方面要提升高校思政课教师的主导意识和主导能力，不断提升其职业素养、职业能力、个人魅力等；另一方面要激活大学生群体的主体性意识，从大学生能接受的角度设计和开展课堂教学，以大学生喜闻乐见的形式构建大学生主体性发挥的空间。

从微观的视角来看，"八个相统一"规律也提供了丰富新时代高校思政课教学方法的具体指导。具体来看，灌输和启发是新时代高校思政课在实际教学中最为常见、有效的教学方法，也对应着"八个相统一"规律中的重要方法意蕴。"八个相统一"规律通过灌输、启发的

---

① 冯刚.理直气壮开好思政课：把握新时代思政课规律［M］.北京：人民出版社，2019：155-158.

方式将大学生暂时无法理解但是又必须学习的科学理论传递给大学生，采取积极引导、情景再现、模拟问答等环节启发大学生的辩证思维能力，鼓励大学生在实践中自觉地将所学、所思、所悟运用出来。坚持显性教育和隐性教育相统一是新时代高校思政课全过程育人的重要教学手段，除了要重视课堂讲授，也要注重课堂讲授之外的教育形式，重点关注学校协同育人的相关育人资源及育人力量，以大学生的社会实践、校园文化为重要补充，同时要从学校开设的人文社科等其他相关课程中获得资源支撑，形成育人合力，最终形成课程内外、课堂内外、校园内外的显性教育和隐性教育相统一，从新时代高校思政课教学方法的具体指导上提供了更多的可能性。

## 第二节　推动新时代高校思政课的改革创新

改革创新是新时代高校思政课发展的重要动力，坚持"八个相统一"规律最根本的是要推动新时代思政课的改革创新。"八个相统一"规律反映了新时代高校思政课建设守正创新的使命担当，在概括新时代高校思政课规律性认识和经验的基础上，科学地回答了"如何培养人"这个根本问题，直面广大师生关注的实际问题。

### 一、承担新时代高校思政课建设守正创新的使命担当

新时代高校思政课建设的守正体现在要端本正源、严守底线、理直气壮地开好新时代高校思政课。具体来看，新时代高校思政课要以

马克思主义为基石，以马克思主义理论及其中国化理论创新成果为主要内容，充分体现出新时代高校思政课坚定的政治立场、科学的内容体系、系统的理论框架。新时代高校思政课建设的创新体现在要循序渐进、不拘一格、革故鼎新地办好新时代高校思政课。具体来看，要让新时代高校思想政治理论课在充满深厚滋养的中国土壤里汲取养分，既要在中国特色社会主义的实践中获得启发进行创新，也要在把握大学生成长发展需求的基础上推陈出新，凸显新时代高校思政课的文化意蕴，不断增强新时代高校思政课的文化方式和文化手段，不断深化新时代高校思政课的创新发展。

"八个相统一"规律从课程的价值属性、课程的建设原则、课程的教学方法论三个层面贯彻新时代高校思政课守正创新的使命担当。课程价值属性是指引新时代高校思政课守正创新的方向原则，其中坚持政治性和学理性相统一、坚持价值性和知识性相统一、坚持建设性和批判性相统一从课程价值属性的多个角度强化了新时代高校思政课守正创新的使命担当。课程的建设原则是把握新时代高校思政课守正创新的核心要素，其中坚持政治性和学理性相统一、坚持理论性和实践性相统一、坚持统一性和多样性相统一，从新时代高校思政课的课程建设的内容、原则、方式等层面把握新时代高校思政课守正创新的使命担当。课程的教学方法论是把握新时代高校思政课守正创新的实际抓手，其中，坚持主导性和主体性相统一、坚持灌输性和启发性相统一、坚持显性教育和隐性教育相统一则是给出了新时代高校思政课发展和创新的整体实际的思路和方法，为其守正创新的实现提供了现实可能。

## 二、总结新时代高校思政课建设的规律性认识和经验

"八个相统一"规律根植于中国特色社会主义的实践土壤,是在新时代高校思政课的发展过程中被不断深化与提炼的。新时代高校思政课在其发展过程中取得了一定的成绩,同时也经历过困难与挑战,在其改革创新的过程中积累了一系列弥足珍贵的规律性认识和经验,在提炼、分析、概括新时代高校思政课建设过程中的规律性认识和经验的基础上,"八个相统一"规律应运而生,"八个相统一"规律因此成为引领新时代高校思政课建设的重要规律性认识和经验。"八个相统一"规律概括新时代高校思政课建设的规律性认识和经验主要体现在以下三个方面。

其一,"八个相统一"规律引导新时代高校思政课始终将马克思主义的旗帜放在首位。新时代高校思政课肩负着为党和国家培养社会主义建设者和接班人的重任,这就需要科学的理论体系搭建内在的思想支撑,因此新时代高校思政课必须把马克思主义的旗帜放在首位。"八个相统一"规律同样也受到马克思主义及其理论创新成果的滋养和浸润,"八个相统一"规律中体现出的矛盾论、辩证法充分反映了马克思主义中重要的理论内核,其中"八个相统一"规律中的"每一对相统一"均以马克思主义的科学原理和科学精神为指导,是对党的思想政治教育的优良传统和实践经验的重要总结。这其中不仅包含对新时代高校思政课建设经验的总结与传承,而且体现出对富含中国特色、时代特征、实践特质的方法的探索。

其二,"八个相统一"规律把握了新时代高校思政课建设的基本遵循。新时代高校思政课是关怀青年、赢得未来的重要阵地,要责无旁

贷地担负起育人责任。"八个相统一"规律把握了新时代高校思政课建设的基本遵循，主要体现在坚持立德树人的育人导向、关注大学生的发展与期待、注重研究当前的时代特征三个方面。"八个相统一"规律以坚持立德树人为育人导向，新时代高校思政课教学实践从不同的角度，教育大学生树立正确的世界观、人生观、价值观，引导大学生将思想道德修养和科学文化素质作为其未来成长发展的关键要素。"八个相统一"规律关注大学生的发展与期待，其中坚持主导性和主体性相统一，是深刻把握了大学生在新时代高校思政课中的主体性，进一步强调新时代高校思政课教师要成为大学生良师益友，指引新时代高校思政课教师要尊重大学生的意愿与选择，并关注大学生的需求与期待。"八个相统一"规律注重研究当前的时代特征，从微观上讲，"八个相统一"规律中包含着对新时代高校思政课建设的研判、对新时代高校思政课建设的思考以及对新时代高校思政课建设的见解。从宏观上讲，"八个相统一"规律也是基于当前的时代背景对新时代高校思政课建设进行整体思考和统筹规划，当前，我国经济社会的快速发展、我国综合国力的持续提升，以及全球化背景下各种社会思潮和文化的激荡交融等成为当前时代的重要特征，"八个相统一"规律包含着对新时代重要特征的分析，以此切实提升新时代高校思政课的针对性和实效性。新时代高校思政课建设也在"八个相统一"规律的引领下不断研究新情况、适应新环境、创造新方法。

其三，"八个相统一"规律不断赋予新时代高校思政课蓬勃的生命力和强劲的创造力。改革创新是新时代高校思政课建设发展的重要动力，"八个相统一"规律将马克思主义理论、中国特色社会主义建设的实践以及大学生思想认识活动的特点融会贯通，在遵循新时代高校思政课建设规律的基础上，在课程目标、课程价值、教学方法等层面深入研究。"八个相统一"规律为新时代高校思政课的未来发展擘画规划格局，基于新时代高校思政课的过往经历、当前困难，不断明晰新时代高校思政课建设的未来方向，并为其增添蓬勃的生命力和强劲的创造力。例如，坚持显性教育和隐性教育相统一是在当前"大思政"协同育人背景下应运而生的，即将显性和隐性的两种教育形式进行有机结合，整合与新时代高校思政课密切相关的不同场域、不同对象、不同内容等的育人资源和力量，形成全方位、全过程的育人体系，最终达到 $1+1>2$ 的效果，这是立足于新时代高校思政课建设的一次与时俱进的创新与探索。

### 三、回应新时代高校思政课建设"如何培养人"这个重要问题

"培养什么人、如何培养人、为谁培养人"是新时代高校思政课必须解决的重要课题。这一课题中包含着彼此相互联系的三个子命题，其中"培养什么人"指向教育的培养目标；"如何培养人"针对培养人才的原则、方式与方法；"为谁培养人"为教育目标指明了方向。"八个相统一"规律主要是从"如何培养人"这个重要问题着手，深刻地诠释了新时代高校思政课在培养教育对象时应具备的有针对性、亲和力、实效性的教学原则和教学方法，为这一命题在新时代高校思政课建设中提供"解法"，并且为解决这一根本课题贡献了整体思路。具体来看，"八个相统一"规律主要从新时代高校思政课的课程属性、课程建设和课程方法三个层面科学地回答了"如何培养人"这个重要问题。

第一，"八个相统一"规律从新时代高校思政课课程属性的层面出发，蕴含着对"如何培养人"这个问题的总体思考。其中，坚持政治

性和学理性相统一要求将新时代高校思政课的政治属性和学理特点紧密结合,既能反映出明确的政治立场,也能凸显其学科的学理本质;坚持价值性和知识性相统一要求新时代高校思政课在知识传导的过程中要注意价值传递,在提升大学生知识能力的基础上坚定其理论自信,努力实现大学生的全面发展。

第二,"八个相统一"规律从新时代高校思政课课程建设的层面出发,包含着对"如何培养人"这个问题的具体思考。其中,通过坚持建设性和批判性相统一引导大学生坚定信念、明辨是非、独立思考;通过坚持理论性和实践性相统一在教学目标、教学内容、教学环节、教学评价等环节引导大学生将理论和实践紧密结合;通过坚持统一性和多样性相统一处理好整体和个体的关系,对大学生的培养计划既要对标整体要求,又要充分考虑个体实际情况,保留其自由选择、发挥的空间。

第三,"八个相统一"规律从新时代高校思政课课程方法的层面出发,对"如何培养人"这个问题进行实际分析。其中,坚持主导性和主体性相统一强调以大学生为本,激发大学生的热情,实现师生之间的良性互动;坚持灌输性和启发性相统一强调在育人过程中要将灌输和启发相结合,要以理服人、以情动人,使大学生真心喜爱,终身受用;坚持显性教育和隐性教育相统一强调在新时代高校思政课的教育理念、教育内容、教育机制、教育形式中实现显性教育和隐性教育的结合,进一步增强新时代高校思政课建设和发展的协同。

## 四、直面新时代高校思政课建设师生关注的实际问题

"八个相统一"规律具有鲜明的实践特质,在中国特色社会主义实

践的土壤中汲取养分，随着新时代高校思政课实践的发展而不断深化。"八个相统一"规律关注新时代高校思政课教学过程中广大在校师生关注的现实问题，只有直面广大在校师生所面临的困难与难题，了解他们的关注点，消除他们的顾虑，才能将这些实际问题进行回应和解决，在这些实际问题的解决中才能使新时代高校思政课拥有更大的发展空间和建设舞台。在新时代高校思政课建设过程中，广大在校师生关注的实际问题的核心是新时代高校思政课的守正创新，这实际上与"八个相统一"规律的关注点不谋而合。"八个相统一"规律从新时代高校思政课的教学理念、教学内容、教学方法以及关注大学生的主体性意识四个层面直面广大在校师生关注的实际问题。

首先，"八个相统一"规律关注新时代高校思政课教学理念的更新。"八个相统一"规律中蕴含的更新新时代高校思政课的教学理念包含着三个方面的内容。"八个相统一"规律兼具政治性和科学性，新时代高校思政课在"八个相统一"规律指导下，引导大学生具备坚定的理想信念、高尚的品德修养、浓厚的爱国主义情怀，引导大学生理解和掌握科学的思想观点，形成正确的世界观、人生观和价值观。"八个相统一"规律兼具理论性与实践性，"八个相统一"规律的理论性是建立在其必须开展学科自身基本理论研究的基础上，比如，要形成思想政治教育学原理、思想政治教育发展史、比较思想政治教育研究、思想政治教育方法论等能为新时代高校思政课提供理论支撑的课程体系。"八个相统一"规律的实践性体现在，"八个相统一"规律要为新时代高校思政课实际教学而服务，将新时代高校思政课在实际教学中的重点、难点作为其"风向标"，引导大学生运用马克思主义的立场观点方法分析、解决现实问题，涵养行为习惯。"八个相统一"规律兼具学科性和动态性。"八个相统一"规律既有明确的学科边界，同时也具有开放视野。其中每一对相统一都明确地凸显学科定位，反映学科性质，凝练学科特色，但是也没有固守既有的范畴。特别在教学方法层面，"八个相统一"规律从开放视野的角度出发，借鉴了相关学科在成长发展过程中的经验和做法，综合运用了多学科的具体方法。

其次，"八个相统一"规律重视新时代高校思政课教学内容的拓展。新时代高校思政课的发展要随着社会的发展而不断增添富有时代性的内容，并形成一套符合时代发展要求的教学内容体系。"八个相统一"规律中蕴含着对新时代高校思政课拓展教学内容的思考，新时代高校思政课要根据时代背景下的现实情况和实际需求不断创新和发展新时代高校思政课的教学内容。新时代高校思政课的教学内容要在坚持以马克思主义为指导的基础上，不断继承和弘扬中华民族优秀的传统文化，充分汲取中华民族传统文化中的优秀成果和先进经验。同时，新时代高校思政课的教学内容也要在时代的发展变化中不忘初心、砥砺前行，用开放的胸怀、宽广的眼界、敏捷的思维为新时代高校思政课添加富含中国风格、中国特色、中国实践的教学内容，实现新时代高校思政课教学内容的拓展。

再次，"八个相统一"规律注重新时代高校思政课教学方法的创新。对新时代高校思政课教学方法进行创新有助于深化其教学内容，也有助于教育者更好地引导受教育者，提升新时代高校思政课的亲和力和针对性。"八个相统一"规律引导下的新时代高校思政课的教学方法需要充分考虑到时代发展，新时代高校思政课处于大数据网络信息时代背景下，海量流动的信息、全新交互的体验、信息技术的融合为新时代高校思政课营造了全新的互动生态，过往部分传统单调的教学方法

实质。习近平强调:"我们的高校是党领导下的高校,是中国特色社会主义高校。办好我们的高校,必须坚持以马克思主义为指导,全面贯彻党的教育方针。"①办好中国特色社会主义高校必须坚持以马克思主义为指导,而浸润在马克思主义理论体系中的"八个相统一"规律牢牢把握我国新时代高校思政课发展的正确方向,"八个相统一"规律引导新时代高校思政课也在持续的建设和发展中彰显马克思主义理论的时代感召力和实践解释力。

"八个相统一"规律引导下的新时代高校思政课彰显马克思主义理论的时代感召力和实践解释力主要体现在两个方面。一方面,"八个相统一"规律引导下的新时代高校思政课展现出强大的马克思主义的理论自信。新时代高校思政课在开展马克思主义理论教育时,要"原汁原味"地保留马克思主义的理论底色,原原本本地将马克思主义理论的精髓传递给大学生,使大学生们将马克思主义理论作为强大的思想法宝,有了这一思想法宝的强力支撑,他们在今后也会勇于面对当代社会思潮。新时代高校思政课要客观分析大学生的思想实际,使大学生们在领悟马克思主义理论强大魅力的同时感受到马克思主义理论的时代感召力。另一方面,"八个相统一"规律引导下的新时代高校思政课要在实践中灵活运用马克思主义理论。马克思主义强大的理论底气使新时代高校思政课拥有直面各种社会思潮的信心,要在面对不同的实际情况时变通地运用马克思主义理论。一些社会思潮在某种程度上能够折射出部分大学生心中的真实想法以及思想特征,也能映衬出他们所关注的社会热点问题等,如果对这些社会思潮"避而不谈",就会

---

① 习近平在全国思想政治工作会议上强调 把思想政治工作贯穿教育教学全过程 开创我国高等教育事业发展新局面 [N]. 人民日报, 2016-12-09 (1).

陷入脱离大学生思想实际的桎梏，就会削弱马克思主义理论的时代感召力和实践解释力。因此，新时代高校思政课要在充分了解大学生思想实际的基础上直面当前的社会思潮，解决大学生在现实中关注的重点难题，从而使马克思主义理论在当代问题上的解释能力得到不断提高，体现出其时代魅力和实践伟力。

## 二、用马克思主义中国化时代化的理论成果铸魂育人

习近平新时代中国特色社会主义思想作为21世纪的马克思主义，是马克思主义中国化时代化的最新理论成果，也是党的理论创新成果的重要体现，其中蕴含着对新时代高校思政课建设"八个相统一"规律的深邃思考。"八个相统一"规律牢牢把握住铸魂育人这个关键点，充分贯彻习近平新时代中国特色社会主义思想。习近平明确要求"用新时代中国特色社会主义思想铸魂育人"[①]。铸魂育人不仅是新时代高校思政课育人的根本目标，而且标示着人才培养的先后级次序，即"铸"位于"育"首，"魂"处于"人"前，人才培养的规律需要先成人，再育人，以"魂"筑牢人才发展的底线，以"育"点明人才培养的关怀。因此，"八个相统一"规律要在马克思主义理论的指导下，使习近平新时代中国特色社会主义思想成为推动思想政治教育持续发展的强劲力量。

贯彻习近平新时代中国特色社会主义思想是"八个相统一"规律的必然选择。"八个相统一"规律贯彻习近平新时代中国特色社会主义

---

① 习近平主持召开学校思想政治理论课教师座谈会强调 用新时代中国特色社会主义思想铸魂育人，贯彻党的教育方针落实立德树人根本任务［N］．人民日报，2019-03-19（1）．

思想主要体现在以下三个方面。一是习近平新时代中国特色社会主义思想为"八个相统一"规律提供了建设思路的整体设计。习近平新时代中国特色社会主义思想指导下的"八个相统一"规律的每一对相统一都包含着对新时代高校思政课建设的发展规划和相应的前进方向，分别从新时代高校思政课的学科属性、建设原则、价值蕴含、课程发展、方法实效等方面着手，对新时代高校思政课的建设和发展提供精神支持和智力保障。有了科学性、系统性、全面性的学理底蕴与理论建构，"八个相统一"规律引领下的新时代高校思政课必将迎来发展的重大利好。

二是习近平新时代中国特色社会主义思想为"八个相统一"规律提供了建设内容的价值导向。习近平新时代中国特色社会主义思想是马克思主义中国化的最新理论成果，其中涉及的内容体系包括政治、经济、文化等各个方面，具备着强大的思想引领力。习近平指出："要坚持把立德树人作为中心环节。"[①] 因此，"八个相统一"规律引导的新时代高校思政课在建设内容上要在"立德树人"的价值导向下进行统筹规划，除了引导大学生知晓课程的理论体系，还要注重提升大学生思想政治素质、科学文化素质和身心健康素质，不断培养社会主义事业合格的建设者和接班人。

三是习近平新时代中国特色社会主义思想为"八个相统一"规律提供了建设格局的发展方向。习近平新时代中国特色社会主义思想引导高校构建全过程、全方位的育人体系，形成集团作战、联合作战、多维作战的工作格局，"八个相统一"规律也充分体现出这一协同发展

---

① 习近平在全国高校思想政治工作会议上强调　把思想政治工作贯穿教育教学全过程　开创我国高等教育事业发展的新局面［N］. 人民日报，2016-12-09（1）.

的思路与方向。每对相统一实质是通过多元整合的形式，将原本各自运转的循环逻辑转化为相互协作的循环逻辑，将协同发展的理念始终贯彻于新时代高校思政课建设的始终，形成具备适应性、综合性、协同性、迭代性的建设格局，相互之间形成相互联系、支撑融合的良性互动。

### 三、遵循新时代高校思政课建设的基本规律

新时代高校思政课建设的基本规律不仅要遵循思想政治教育规律，同时也要遵循思想政治工作规律。一方面，遵循思想政治教育规律是激发新时代高校思政课发展动力的必然要义。"思想政治教育作为一门研究人的思想形成和变化的规律，并指导人形成正确思想、行为的科学。"[①] 深化思想政治教育的基本规律研究是当前研究的趋势和重难点，研究思想政治教育规律有助于深入挖掘思想政治教育内部稳定的、必然的联系，同时研究思想政治教育规律也有助于提炼新时代高校思政课内部稳定的、必然的联系，系统地总结新时代高校思政课建设的基本规律。另一方面，遵循思想政治工作规律是建构新时代高校思政课建设基本规律的重要遵循。习近平指出："要遵循思想政治工作规律，遵循教书育人规律，遵循大学生成长规律，不断提高工作能力和水平。"[②]"三大规律"系统地阐明了思想政治工作实践、教书育人实践、大学生成长实践中内在的、必然的、稳定的本质联系，成为分析新时代高校思政课建设基本规律的重要模板。

---

① 冯刚.改革开放以来高校思想政治教育发展史［M］.北京：人民出版社，2018：28.

② 习近平在全国高校思想政治工作会议上强调 把思想政治工作贯穿教育教学全过程 开创我国高等教育事业发展的新局面［N］.人民日报，2016-12-09（1）.

"八个相统一"规律在遵循思想政治教育规律的基础上，以整体性、系统性的视角对新时代高校思政课建设的基本规律进行深刻剖析，充分契合了思想政治工作的"三大规律"。从契合思想政治工作规律的角度来看，思想政治教育规律是思想政治工作规律的重要子系统，"八个相统一"规律中蕴含的丰富内涵遵循了思想政治教育的具体规律。例如，坚持主导性和主体性相统一对应双向互动律，并在此基础上进行深化，形成师生合作互动的良性运转体系；坚持显性教育和隐性教育相统一对应的是协调控制律，即树立"大思政"的课程建设理念，推进思政课程与课程思政等其他学科的同步发展。从契合教书育人规律的角度来看，"八个相统一"规律主要从政治属性、学科属性、教育属性三个维度把握教书育人规律。例如，坚持政治性和学理性相统一认识到新时代高校思政课的本质属性，即兼具知识性和意识形态性；坚持理论性和实践性相统一从学科属性的角度，强调新时代高校思政课既要具备严密完备的理论体系，也要具有生动的实践能力。从契合大学生成长规律的角度来看，"八个相统一"规律注重大学生在当前时代展现出来的新特点、新需求，重视大学生的主体地位，为大学生健康成长发展"保驾护航"。例如，坚持建设性和批判性相统一即从思想层面筑牢大学生的理想信念，引导大学生学会在良莠不齐的信息中自觉反对和抵制不良错误观点和不良思潮，提升大学生的辨别能力，使其在面对不良思潮时"坐如钟"，在传递正能量时"行如风"。

## 四、优化新时代高校思政课建设的供给结构

供给与需求这对词语本是出现在经济学中的专属名词，供需平衡是激发市场发展的内在源泉。同样，新时代高校思政课在教学过程中

也需要处理好供给与需求这对关系，这不仅仅是理顺新时代高校思政课内在机理的发展要求，同时也是新时代高校思政课持续发展的重要动力。新时代高校思政课在不断发展的过程中也遇到了新的挑战，其中供给结构的变化是新时代高校思政课面临的一个重要的实际情况，具体体现在以下三个方面。首先，新时代高校思政课的育人主体多元。共青团干部、班主任、心理健康教育教师、辅导员、哲学社会科学课教师等都是育人队伍中的重要成员，与新时代高校思政课教师一道，承担起相应的育人责任。其次，新时代高校思政课的育人场域多样。除了要充分发挥课堂教学的主渠道作用，也要将社团活动、班级建设、校园文化等纳入新时代高校思政课的育人场域中，还要充分发挥校园网络、校园宿舍等的育人作用，集结多种育人资源的力量，形成对课堂教学的有益补充。最后，新时代高校思政课的育人形式多样。在加强和完善高校思想政治工作的基础上，中央31号文件把"七个育人"作为重要内容，即把"思想价值引领贯穿到教育教学的全过程和各环节，形成教书育人、科研育人、实践育人、管理育人、服务育人、文化育人、组织育人的长效机制"①。全员全程全方位育人扩展了新时代高校思政课育人方式的供给结构，新时代高校思政课要正视育人形式的变化。

　　"八个相统一"规律在充分认识新时代高校思政课建设供给结构的基础上，面对新情况、新特点不断地优化其资源配置、调整其结构配置，以达到优化新时代高校思政课建设供给结构的目的。其一，"八个相统一"规律依据时代特点实现理论"供给侧"改革。"八个相统一"规律凸显了马克思主义自身的理论品格，与时俱进地发展马克思主义，

---

① 中共中央　国务院印发《关于加强和改进新形势下高校思想政治工作的意见》[N].
人民日报，2017-02-28（1）.

回应时代的问题，正确地引导青年大学生，实现理论的"供给侧"改革。对于当代大学生来说，他们思维活跃但还未完全成熟，因此他们更加需要科学的理论供给以坚定理想、明辨是非，这就需要坚持和发展马克思主义。具体来看，坚持建设性和批判性相统一要求在新时代高校思政课中既要旗帜鲜明地反对错误观点，又要与时俱进地发展理论，使马克思主义理论在新时代高校思政课中牢牢占据主导地位。其二，"八个相统一"规律依据具体需求从供给方式层面进行优化。新时代高校思政课需要满足创新教育形式的时代要求，在充分认识和把握青年大学生的时代特征、生活实际和具体成长需求等的基础上，探索贴近青年大学生的教育形式。"八个相统一"规律在教学方法论层面从师生互动关系的角度出发，关注灌输性教育与启发性教育的结合，把握新时代高校思政课中的显性教育和隐性教育，从交叉学科的研究视野出发，面向鲜活生动的新时代高校思政课教学实践，优化其供给途径，提高其教育科学化的水平。其三，"八个相统一"规律依据实际情况优化资源配给。"八个相统一"规律中体现着对新时代高校思政课进行资源的优化与配给，具体来看，坚持统一性和多样性相统一是新时代高校思政课进行资源的优化与配给。统一性强调的是新时代高校思政课要有一定的标准与具体的要求，多样性强调的是新时代高校思政课依据实际的不同情况、不同层次研究解决问题的方式。在实际操作过程中，不同地区高校既要根据统一的标准和要求建设和发展新时代高校思政课，同时也要充分考虑到不同地区、不同高校的实际情况，优化资源配置，可以让重点发展的高校与偏远地区高校通过"结对""帮扶"等点对点的方式相互帮助，在平衡不同区域之间的教育资源配置中进行积极的尝试，通过将优势力量向较弱一方倾斜达到优化整体资源配置的效果。

## 第四节　落实新时代高校思政课的育人目标

"八个相统一"规律具有鲜明的实践导向，具体体现在"八个相统一"规律从中国特色社会主义伟大实践中汲取了丰富的滋养。"八个相统一"规律落实新时代高校思政课的育人目标首先要紧紧围绕立德树人的根本任务，这是由我国教育的社会主义性质和立德树人的质的规定性决定的，是国家教育层面的必然要求。其次要契合德智体美劳全面发展的育人要求，反映了新时代高校思政课育人的必然要求，是社会发展层面的必然要求。再次要立足培养担当民族复兴大任的时代新人，体现新时代高校思政课育人目标的使命和担当，是民族发展层面的必然要求。最后要满足大学生的成长需求与期待，受教育者作为新时代高校思政课的主体，其需求与期待直接关系着新时代高校思政课育人目标的实现，是个人成长发展的必然要求。

### 一、紧紧围绕立德树人的根本任务

新时代高校思政课致力于在道德层面塑造大学生的道德意识和道德能力，揭示了我国教育的社会主义性质和立德树人的质的规定性。"八个相统一"规律作为"理直气壮开好思政课"的重要战略抓手，其目的是对处于"小麦灌浆期""拔节孕穗期"的青年大学生进行正确引导，以崇德修身作为最终旨归。"八个相统一"规律紧紧围绕立德树人的根本任务主要体现在两个方面。

一方面,"八个相统一"规律自觉肩负起立德树人的使命与责任。"八个相统一"规律着眼于青年大学生的成长与成才,青年大学生的成长成才关系着中国特色社会主义事业是否拥有合格的建设者和接班人,这也是整个国家顺利运转和整个民族未来兴衰的重要着力点。具体来看,坚持主导性和主体性相统一充分关注到当代青年大学生的时代特点,当前"00后"大学生思想活跃、想法多元、个性凸显、善于表达,但是也存在着知识体系尚未完善、心理状态尚未成熟、社会经验尚未完备等阶段性的发展特点。因此需要以"八个相统一"规律为指导,将立德树人贯彻到大学生们的学习、生活、实践中,提升大学生们的眼界与格局,鼓励大学生不仅要夯实个人能力,而且要时刻做好为国家贡献自己个人力量的准备。

另一方面,"八个相统一"规律是从课程建设层面、课程价值层面、课程方法论层面等将立德树人的根本任务落到实处。立德树人强调"德"在人才培养中的首要地位、方向和作用,正所谓"功崇惟志,业广惟勤",坚定的理想信念是取得成功的必然要素,而理想信念的源泉来自科学的理论作为指导。"八个相统一"规律以立德树人作为核心要义,以马克思主义理论为指导,特别是以习近平新时代中国特色社会主义思想铸魂育人,并以中华优秀传统文化与新时代精神文明建设成果为重要底气,将社会主义核心价值观作为青年大学生成长成才的精神指引。"八个相统一"规律在德育为先的同时,引导青年大学生树立坚定的理想信念,不断提升青年大学生的国家荣誉感及社会责任感,并且鼓励他们在实践中勇于探索,引导他们在实践中学会面对问题、分析问题、解决问题。

## 二、契合德智体美劳全面发展的育人要求

德智体美劳全面发展是新时代高校思政课的重要的育人要求。"八个相统一"规律是在时代发展的背景下，明确新时代高校思政课的各方面要求，使新时代高校思政课在思想、知识、精神、实际生活等层面充分发挥作用，对青年大学生进行理想信念、价值理念、道德观念等方面的正向引导。习近平指出："要努力构建德智体美劳全面培养的教育体系，形成更高水平的人才培养体系。"[①]新时代高校思政课在"八个相统一"规律的引领下，将促进大学生全面发展作为其重要的课程目标，要求在其实际教学过程中始终坚持以人为本的工作理念，将教育大学生、引导大学生、关心大学生、帮助大学生落到实处。具体来看，"八个相统一"规律契合德智体美劳全面发展的育人要求主要体现在以下三个方面。

其一，"八个相统一"规律与德智体美劳全面发展在育人目标上具有高度的一致性。"培养什么样的人、如何培养人、为谁培养人"这一根本性的问题阐明了教育的根本目标，其中"培养什么样的人"是新时代高校思政课需要研判的重要课题。因此，新时代高校思政课要把立德树人作为育人目标的核心导向，要从德智体美劳等几方面协同发力，注重培养大学生的综合能力。"八个相统一"规律是落实立德树人根本任务的关键原则与方法，在教学目标、能力目标、知识目标、情感目标等方面明确新时代高校思政课运行的目标、原则、方法、要求等，有效培养德智体美劳全面发展的社会主义事业的建设者和接班人。"八个相统一"规律中包含的育人目标的德与才相统一，与德智体美劳

---

① 习近平在全国教育大会上强调坚持中国特色社会主义教育发展道路 培养德智体美劳全面发展的社会主义建设者和接班人［N］. 人民日报，2018-09-11（1）.

全面发展的育人目标是高度契合的。

其二,"八个相统一"规律与德智体美劳全面发展在育人观念上具有高度的一致性。德智体美劳全面发展要求新时代高校思政课在课程设置上更加注重全面的系统规划,在遵循大中小学学生身心发展特点的基础上,注重培养大学生健全的人格、积极的学习习惯、强健的体魄、健康的审美观、正确的劳动习惯。比如,在体育课上应注重人格的塑造、团队精神的培养及竞技美的欣赏。①"八个相统一"规律注重树立"全方位"的育人观,在育人观念上均以联系的观点寻求大学生的整体发展。具体体现在,"八个相统一"规律强调在育人观念上既要在深刻把握人的发展与社会发展统一的基础上,确定大学生全面发展的阶段性特征,也要在深刻把握人素质形成发展的整体性基础上,强调大学生思想道德素质、科学文化素质、身心健康素质的综合、全面发展。

其三,"八个相统一"规律与德智体美劳全面发展在育人格局上具有高度的一致性。"八个相统一"规律与德智体美劳全面发展中均蕴含着全方位、多维度、多层次的育人格局。全方位体现在,"八个相统一"规律指导下的新时代高校思政课是循序渐进、螺旋上升的课程体系,其教学大纲、教学设计、教材教参、评价考核等既有统一的运行标准,也有不同情景下的多样化的运行路径,充分体现出统一性和差异性的结合;多维度体现在,"八个相统一"规律指导下的新时代高校思政课注重复合型人才的养成,除了在道德品质上、学术科研中有所建树之外,还需关注其是否具有稳定的情绪、平和的心理、健壮的体魄,并且新时代高校思政课对"可塑之才"的界定也不应该是单一

---

① 刘嘉圣.新时代推进大中小学劳动教育的三重维度[J].北方民族大学学报,2021(2):157-163.

维度，应以发现优点、鼓励进步、促进成长为核心对青年大学生群体进行塑造；多层次体现在，"八个相统一"规律指导下的新时代高校思政课积极关注新动向，当代青年大学生关注的、活跃的、喜闻乐见的场域等都是思政课需要去适应和把握的重点。总之，德智体美劳全面发展的综合性决定了"八个相统一"规律在育人格局上必须是全方位、多维度、多层次的。

### 三、立足培养担当民族复兴大任的时代新人

当前高校培养青年的质量直接关系着新时代高校思政课能否顺利完成育人指标。在党的十九大上，以习近平同志为核心的党中央进一步提出："要以培养担当民族复兴大任的时代新人为着眼点。"①党的二十大报告对思想政治工作作出了新部署，特别是对青年的培养上强调："广大青年要坚定不移听党话、跟党走，怀抱梦想又脚踏实地，敢想敢为又善作善成，立志做有理想、敢担当、能吃苦、肯奋斗的新时代好青年，让青春在全面建设社会主义现代化国家的火热实践中绽放绚丽之花。"②这一重要论述深刻地阐述了新时代高校思政课的育人使命和育人责任。而"八个相统一"规律作为新时代高校思政课的基本遵循，理应找准新时代高校思政课培育时代新人的发力点，培育时代新人应该注重从信念培育、思想教育、道德教育、知识传授四个方面重点推进。

第一，在"八个相统一"规律的指导下，注重培育时代新人坚定

---

① 习近平.决胜全面建成小康社会 夺取新时代中国特色社会主义伟大胜利：在中国共产党第十九次全国代表大会上的报告［M］. 北京：人民出版社，2017：70.

② 习近平.高举中国特色社会主义伟大旗帜为全面建设社会主义现代化国家而团结奋斗——在中国共产党第二十次全国代表大会上的报告［N］. 人民日报，2022-10–26（1）.

的理想信念。培养坚定的理想信念不仅是新时代高校思政课的育人目标，也是时代新人追求自身发展的必然要求。坚持价值性和知识性相统一要求新时代高校思政课以马克思主义科学的世界观、方法论推动马克思主义理论深入人心，更加坚定马克思主义信仰。比如，将坚持价值性和知识性相统一融入中国近现代史纲要课程中，在历史的变革中使大学生体会到中国特色社会主义道路和制度的重要性，在悠远的历史长河中增强理想信念，提升意志品质，树立牢固信仰。

第二，在"八个相统一"规律的指导下，培育时代新人具备牢固的思想基础。当前在经济全球化趋势下，各种思想文化相互激荡，更加需要新时代高校思政课为大学生"正本清源""去芜存菁"。在"八个相统一"规律下引导的新时代高校思政课带领大学生直面各种错误的思潮和观点，传导主流的科学的意识形态，并为大学生成长奠定科学的思想基础，提高大学生的辨别能力和抵御诱惑的能力，使新时代高校思政课在培育时代新人中的主导作用得以巩固。

第三，在"八个相统一"规律的指导下，培育时代新人重视崇高的道德品质。道德品质的养成是育人育才中最基础，同时也是最必不可少的重要部分。具备崇高的道德品质必须成为时代新人的核心要义，道德教育也始终贯穿新时代高校思政课的始终，新时代高校思政课以"八个相统一"规律为引领，着重从社会公德、职业美德、家庭美德、社会主义道德等方面提高大学生道德自律意识，树立社会主义荣辱观，不断修身立德，在为人处世中走得端，行得稳。

第四，在"八个相统一"规律的指导下，培育时代新人强调实际的能力培养。具备扎实的理论知识以及灵活的实践能力是时代新人的必备能力，这高度地契合了"八个相统一"规律中的坚持理论性和实践性相统一。新时代高校思政课坚持理论性和实践性相统一就是要为大学生传授认识问题、分析问题和解决问题的思考模式和解决进路，新时代高校思政课不应只局限于关注大学生的知识储备，而是应该鼓励大学生在亲身实验、切身体验中获得真知灼见，形成大学生独到的认知体系，提升大学生的综合能力。

### 四、满足青年大学生的成长发展需求与期待

满足大学生成长发展需求与期待是新时代高校思政课拉近与大学生之间的距离、提升其教育效果的内在要求。习近平总书记指出："提升思想政治工作亲和力和针对性，满足大学生成长发展需求和期待。"① 因此，新时代高校思政课要坚持以大学生为本，在充分了解大学生的成长发展与期待的基础上，对大学生的成长发展需求与期待进行归纳、分类和分析，关注教育对象的全面、持续发展，从中寻找符合新时代高校思政课发展的新的着力点和生长点。"八个相统一"规律作为推进新时代高校思政课建设的重要遵循，其中的坚持主导性和主体性相统一充分注意到了大学生的主体性，把握了大学生主体性的表现形式等，强调在结合大学生成长发展需求的基础上开展新时代高校思政课的教学实践。

"八个相统一"规律满足大学生成长需求与期待体现在以下两个方面。一方面，"八个相统一"规律深刻理解和把握了当代青年大学生成长发展的需求与期待。当代青年大学生呈现出思维前卫、个性张扬、情感丰富等特点，他们更加渴望新时代高校思政课可以帮助他们解决生活中的困难，但是他们也希望在教学中拥有自主选择的权利和空间。

---

① 习近平在全国高校思想政治工作会议上强调 把思想政治工作贯穿教育教学全过程 开创我国高等教育事业发展的新局面［N］. 人民日报，2016-12-09（1）.

当代青年大学生是已经有了一定的知识积累和人生经验的"半成熟"个体，他们不仅倾向于根据内在需求对课程知识和教育内容进行自主选择，而且他们倾向于在知识接受和内化的过程中建构认知结构、思维方法、学习经验等，他们还倾向于在教学活动的过程中运用创造性思维创造出满足自己需求的理念或模式。在当代青年群体中，也出现了新的代际特点，比如，追求积极向上的"UP青年"，热衷于消费国潮品牌的"国潮青年"，追求品质生活但"独"而不"孤"的"空巢青年"，在线上游览和打破时间空间界限的"云养青年"等，这些新的倾向都反映着当代青年不同于其他代际青年在思想动态、价值观念、行为偏好等方面的独特性与进步性。"八个相统一"规律中的坚持主导性和主体性相统一强调以了解青年大学生是围绕青年大学生、服务青年大学生、关照青年大学生为前提，在新时代高校思政课的教学中将青年大学生的需求作为目标指向时，就迈出了解青年大学生的第一步，通过青年大学生的需求与期待分析青年大学生的思想热点、认知接受的规律和性格特点等，是在培育青年大学生的过程中激发其主体性意识，有助于更有针对性地把握、挖掘、满足青年大学生实际需求。另一方面，"八个相统一"规律有助于找准新时代高校思政课与青年大学生成长发展需求的契合点。在新时代高校思政课的教学过程中，存在着教育者与受教育者的客观矛盾，而坚持主导性和主体性相统一显然是解决这些矛盾的一个重要途径，充分重视青年大学生的主体地位，了解青年大学生的需求与期待，将青年大学生的成长发展需求、期待与教学实践有机结合起来，使青年大学生自发地、内在地理解和认同新时代高校思政课的教育内容，真正成为新时代高校思政课的课堂教学的主人，与新时代高校思政课形成彼此信任、相互理解的良性互动。

第三章

# 新时代高校思政课建设"八个相统一"规律的理论内涵

新时代高校思政课建设"八个相统一"规律具有鲜明的理论内涵。从一般的理论思维出发，新时代高校思政课建设"八个相统一"规律研究，就是要在思想政治教育学原理的基础上，研究新时代高校思政课建设"八个相统一"规律的理论架构和理论指导。"八个相统一"规律本身包含着众多内涵，既有马克思主义的滋养，有对马克思主义基本原理的创造性运用，有马克思主义中国化理论创新成果的感染和熏陶，又有对新时代高校思政课建设研究规律的进一步深化。从一般的时代视角出发，新时代高校思政课建设"八个相统一"规律研究，就是要在科学理论的指导下，揭示"八个相统一"规律的时代特征。从这一角度而言，新时代高校思政课建设"八个相统一"规律研究，就是要立足我国改革开放发展的实际，遵循新时代高校思政课立德树人的根本任务，总结新时代高校思政课的发展规律，最终把握新时代高校思政课发展的时代脉络。从一般的实践逻辑出发，新时代高校思政课建设"八个相统一"规律研究，就是突出"八个相统一"规律在新时代高校思政课建设实践中的价值，并研究"八个相统一"规律引领新时代高校思政课进行的实践探索，其中既蕴含课程价值论、课程建设原则、教学方法论，也包括解决新时代高校思政课的实际问题，推进知、情、意、信、行的统一与转化,在辩证统一中增强新时代高校思政课的发展动力。

"八个相统一"规律是对新时代高校思政课的实践经验和规律概括的理论表达,新时代高校思政课建设"八个相统一"规律不仅具有理论的深度,而且具有时代的温度,同时还具有实践的向度。"八个相统一"规律具有理论的深度,坚持政治性和学理性相统一浸润了新时代高校思政课的理论特质。新时代高校思政课作为一门理论课程,理论性是其存在的基础,体现在新时代高校思政课具有内在的学科架构体系、学术研究范畴、理论推理范式与学理逻辑框架等,"八个相统一"规律中包含着对新时代高校思政课的理论特质的思考。"八个相统一"规律具有时代的温度,"八个相统一"规律充分体现了马克思主义与时俱进的理论品格。"八个相统一"规律引领下的新时代高校思政课坚持以铸魂育人为根本,反映马克思主义理论的最新成果,凸显时代发展的特征和要求。"八个相统一"规律充分吸收时代精华,是推动新时代高校思政课创新发展的重要遵循,其中包含着对新时代高校思政课时代特质的思考。"八个相统一"规律具有实践的向度,"八个相统一"规律引导下的新时代高校思政课强调育人功能的实现,注重引导大学生们运用马克思主义立场观点方法来分析和解决实际问题。"八个相统一"规律实质上是一种"主观见之于客观"的能动的实践过程,所以具有鲜明的实践特质。

# 第一节 "八个相统一"规律以理论性为立身之本

理论性是"八个相统一"规律的鲜明属性，并且理论性是"八个相统一"规律的立身之本。"八个相统一"规律之所以称为规律，意味着其具有内在的研究范式与逻辑架构，这些内在的研究范式与逻辑架构需要科学的理论进行指导，以便更好地对规律进行概括和总结。"八个相统一"规律理论指导的总体原则是以马克思主义理论为基石，具体来看，"八个相统一"规律创造性地运用马克思主义基本原理，遵循马克思主义中国化理论创新成果，深化新时代高校思政课建设的规律研究。

## 一、以马克思主义理论为基石

坚持和发展马克思主义不仅为党和人民事业的发展提供了符合时代要求的科学理论体系，而且为增进全国全党各族人民团结统一提供了坚实的思想基础。对于新时代高校思政课来说，以马克思主义理论为基石是其得以发展的根本动力和灵魂所在。"八个相统一"规律着眼于新时代高校思政课的本质属性，服务于新时代高校思政课运行的复合规律群。习近平强调："要坚持理论性和实践性相统一，用科学理论培养人，重视思政课的实践性，把思政小课堂同社会大课堂结合起来，教育引导大学生立鸿鹄志，做奋斗者。"[①]坚持理论性和实践性相统一高

---

① 习近平在全国高校思想政治工作会议上强调　把思想政治工作贯穿教育教学全过程　开创我国高等教育事业发展的新局面 [N]. 人民日报，2016-12-09（1）.

度契合新时代高校思政课的课程属性、研究范式以及逻辑结构。因此，"八个相统一"规律从总体上形成对新时代高校思政课理论性的整体把握，以马克思主义理论为基石不仅为奠定新时代高校思政课的理论底色提供支撑力量，而且不断深化了"八个相统一"规律的理论品质。

　　一方面，马克思主义理论为"八个相统一"规律提供学理支撑。"马克思主义是科学的理论，创造性地揭示了人类社会发展规律。"① 新时代高校思政课理应扛起马克思主义的理论旗帜，用马克思主义的立场、观点和方法推进学科专业建设。"八个相统一"规律也要运用马克思主义的理论与方法，对新时代高校思政课建设发展的规律从学理角度进行深入的阐述、透彻的分析、全面的研究。从新时代高校思政课的课程体系来看，其课程结构应充分反映马克思主义核心要素，其中新时代高校思政课是以马克思主义理论及其中国化理论创新成果为核心架构的内容体系。其中，"马克思主义基本原理"为大学生呈现了一个科学、系统、完整的马克思主义知识体系，帮助大学生从整体上把握和理解马克思主义的理论精华，摸清马克思主义关于自然、人类社会、人类思想的规律，掌握马克思主义和其方法论的知识体系。"毛泽东思想和中国特色社会主义理论体系概论"是中国共产党根据中国革命、建设、改革的具体实践，运用马克思主义的基本原理建立的一套科学的理论体系，帮助大学生在历史发展进程中领略党的思想精髓。"中国近现代史纲要"引导大学生了解中国历史和国情，体验马克思主义对中国的重要性。"思想道德修养与法律基础"从讲授社会主义道德和法律知识的角度解决大学生在成长过程中面临的实际问题。所以，

---

① 纪念马克思诞辰200周年大会在京举行　习近平发表重要讲话［N］. 人民日报，2018-05-05（1）.

无论是在学科定位中还是课程体系中，"八个相统一"规律都要将马克思主义及其中国化理论创新成果贯穿其中。

另一方面，马克思主义为"八个相统一"规律提供现实引领。实践观点是马克思主义哲学基本的、首要的观点，"八个相统一"规律是马克思主义实践观在新时代高校思政课教学中的具体化体现。现实引领是"八个相统一"规律重要的实践探索，"八个相统一"规律的顺利运转也是为了最终解决新时代高校思政课现在已经遇到或未来可能遇到的实际问题。首先，"八个相统一"规律在马克思主义的指导下观照现实问题。理论的生命力在于实践基础上的突破创新，"八个相统一"规律基于对大学生系统地进行思想政治教育的现实个性需求开启了相关课程设置和学科建设。其次，"八个相统一"规律注重培养人才的实际能力。"八个相统一"规律在新时代高校思政课的人才培养目标、人才培育标准等方面进一步深化和细化，体现出很强的应用性、实践性，此外对于教学队伍的教学方式和方法也给出了重要指向，在实践应用中也更加符合马克思主义理论学科的内在逻辑和运行规律。

## 二、创造性地运用马克思主义基本原理

马克思主义理论体系敏锐地把握了时代变化，并且通过动态性的思考不断吸收时代精华以此对马克思主义理论体系进行创新与革新。"八个相统一"规律始终坚持马克思主义的指导地位，并且推动马克思主义基本原理同中国改革实际、历史文化、时代发展等紧密结合，使马克思主义基本原理根据实际变化在保证"配方"守本固元的基础上，对"包装"进行灵活调配。

其一，"八个相统一"规律把握住了与时俱进的马克思主义的理论

品质。一脉相承的与时俱进成为"八个相统一"规律鲜明的理论特质，这种鲜明的理论特质反映在"八个相统一"规律中主要体现在两方面。一方面，"八个相统一"规律引领下的新时代高校思政课以马克思主义为基石。马克思主义在批判继承已有成果的基础上以整体的视角揭示了自然界、人类社会、思维认识的发展规律，将辩证唯物主义和历史唯物主义紧密结合起来，是以实践为基础的思想智慧的结晶，具有鲜明的科学性、思想性。马克思主义不仅奠定了"八个相统一"规律的理论底色，而且为其提供了支撑力量，每一对相统一都浸透着马克思主义的理论品质。另一方面，"八个相统一"规律引领下的新时代高校思政课将中国特色社会主义理论体系作为自己的"压舱石"，并用中国特色社会主义理论体系凝聚力量。"八个相统一"规律在科学理论的指导下，引导高校师生在价值取向和行为选择上将社会主义核心价值观作为重要的衡量指标，在广大高校师生心中稳固地植根中国特色社会主义共同理想。

其二，"八个相统一"规律不断丰富和完善马克思主义关于思想政治教育的理论。一是进一步明确地回答了"为谁培养人"的问题。新时代高校思政课在"八个相统一"规律的引领下，在兼具学科属性的同时也同样肩负着育人的重任，在传递学科知识的同时也在其中蕴含着价值指引。"八个相统一"规律引领下的新时代高校思政课以促进人的全面发展为现实目标，以立德树人为核心要务，以培养德智体美劳全面发展的社会主义建设者和接班人为价值旨归。二是进一步系统地回答了"培养什么人"的问题。党的十九大首次提出"时代新人"，习近平总书记在不同场合多次阐述了培养"时代新人"这一重要任务。拥有深厚家国情怀，有理想、有本领、愿意为中华民族伟大复兴这一历史重任而勇于担当、不畏困难的奋斗者应当成为当代青年的价值目标，当代青年应该在接近这一价值目标的基础上不断提升个人能力。价值引导不仅是新时代高校思政课的本质属性，同时也为"八个相统一"规律的价值引导指明了方向，"八个相统一"规律引导下的新时代高校思政课要培养在思想上坚定拥护党的方针政策，积极进行自我反省和自我提升，在行动上愿意主动投身于中国特色社会主义事业的时代新人。三是进一步创造性地回答了"如何培养人"的问题。"八个相统一"规律对于这一问题，从新时代高校思政课的地位、功能、目的、任务、环境、过程、原则、方法等着手，有针对性地提出了八对矛盾，解决好这八对矛盾是新时代高校思政课在实际运行中的重要环节。"八个相统一"规律围绕此问题进行解答，对新时代高校思政课的总体原则和基本规律进行了深刻的思考，在解决问题层面提出了科学方法论。

其三，"八个相统一"规律是对马克思主义理论体系中关于哲学方法的创新应用。"八个相统一"规律对马克思主义哲学方法论的创造性运用主要体现在继承和发扬了唯物辩证法的观点。比如，"八个相统一"规律体现了唯物辩证法普遍联系的观点，当前新时代高校思政课的发展要正确反映和协调各个部分、各个层面的要求和矛盾，既要"瞻前顾后"，也要"未雨绸缪"，因此这就必须要总揽全局、系统谋划、协调推进。"八个相统一"规律用战略眼光权衡主要矛盾、区分主次矛盾、统筹兼顾、协调各方、突出重点、系统推进，是对普遍联系观点的具体运用和重要体现。又比如，"八个相统一"规律充分体现了共性与个性的统一，这也是从唯物辩证法中得到的启发。唯物辩证法认为，整个客观的物质世界以及其中的每一个事物、现象都包含着不同的层次、要素，同时它们之间也有某种共性，共性存在于个性之中，这与"八个相统一"规律中的坚持统一性和多样性相统一有着相同的哲学基础。"八个相统一"规律领导下的新时代高校思政课要找准实际教学中的共性与个性的"结合点",把共性的思想基础、价值导向等贯彻到个性的教学实践中,因时因地考虑到不同地区、不同高校的情况与需求,提升新时代高校思政课的针对性和有效性。

### 三、遵循马克思主义中国化理论创新成果

新时代高校思政课肩负着对大学生进行系统的马克思主义理论教育的责任,是全面贯彻党的教育方针、落实立德树人根本任务的主干渠道和核心课程。[①]新时代高校思政课需要在面对复杂的教学情况时从科学的思想指导中追本溯源、获得定力、增强底蕴,马列主义、毛泽东思想、邓小平理论、"三个代表"重要思想、科学发展观、习近平新时代中国特色社会主义思想是新时代高校思政课的重要思想支柱,这些重要的思想体系为新时代高校思政课谋大局、定方位、保航向,确保新时代高校思政课正本清源、朝气蓬勃。作为引领新时代高校思政课发展的"八个相统一"规律,遵循了马克思主义中国化理论创新成果,落实了立德树人根本任务。马克思主义中国化理论创新成果不断深化的理论支撑,有助于"八个相统一"规律引领下新时代高校思政课明确其教学目标、规定其教学内容、确保其教学环节。

在教学目标层面,马克思主义中国化理论创新成果具有引领、启发、塑造"八个相统一"规律引领下新时代高校思政课的作用。"八个相统一"规律是习近平新时代中国特色社会主义思想在新时代高校思

---

① 教育部关于印发《新时代高校思想政治理论课教学工作基本要求》的通知[EB/OL]. 中央人民政府门户网站,2018-04-26.

政课中的具体体现,"八个相统一"所蕴含的教育目标是全面贯彻落实党的教育方针,培养中国特色社会主义事业的合格建设者和可靠接班人,落实立德树人的根本任务。"八个相统一"规律在科学的理论体系中滋养,围绕课程性质进行通盘考虑,引导大学生增强中国特色社会主义道路自信、理论自信、制度自信、文化自信,将爱国情、强国志、报国行自觉融入实现中华民族伟大复兴的奋斗之中,形成了新时代高校思政课的整体培养目标,为新时代高校思想政治理论课活动的开展提供了有效的教学目标层面的保障。

在教学内容层面,马克思主义中国化理论创新成果给予"八个相统一"规律引领下新时代高校思政课丰富多元的内容建构。"八个相统一"规律引领下新时代高校思政课在教学内容层面的理论与实践均从马克思主义中国化理论创新成果中获得强大的思想和理论动力。在"八个相统一"规律指引下,新时代高校思政课要在教学内容上依据课程设置,按照教学大纲,引导大学生在学习中自觉理解、学习、领悟、掌握马克思主义中国化理论创新成果的理论积淀、时代价值、内在机理等,鼓励大学生在亲身实践中对马克思主义中国化理论创新成果进行分析、总结、运用、反思,不断加深对其理论创新成果在知识框架、学理系统、哲理蕴含中的认知,将马克思主义中国化理论创新成果中所蕴含的方法论自觉地内化成大学生自己为人处世的规范及标准。

在教学环节层面,马克思主义中国化理论创新成果为"八个相统一"规律引领下的新时代高校思政课做出了表率。马克思主义中国化理论创新成果在教学环节的实际运行中,坚持党对高校的领导、保证马克思主义理论指导、促进人全面发展等均对新时代高校思政课在教学环节上的具体设计给出了参考。"八个相统一"规律引领下的新时代高校思政课在进行教学环节的设计时，要充分考虑到硬性要求和软性约束的结合，对于硬性要求必须保质保量地完成，特别是与党的大政方针、思想理论保持高度一致；对于软性约束可以充分调动起众多相关资源，通过精巧的设计逐渐渗透到教学环节中。同时也要特别关注新时代高校思政课教学环节的协同性，即其教学环节在马克思主义中国化理论创新成果的支撑下成为教学目标和教学内容的"黏合剂"，紧扣教学目标，契合教学内容，确保新时代高校思政课的良性运转。

## 四、深化新时代高校思政课建设的规律研究

"八个相统一"规律从整体性、系统性、规范性的角度出发，在总结过往高校思政课运行规律的基础上，锚定新时代高校思政课的建设与发展，主动应对新时代高校思政课的实际问题，并解决其主要矛盾，同时在此过程中分析其重点要素，揭示和深化了其建设的内在规律。

首先，"八个相统一"规律深化了思想政治教育规律。思想政治教育过程的规律是指思想政治教育过程各要素之间的本质联系及其矛盾运动的必然趋势。[①] 探寻思想政治教育中各要素之间的主要性质、各自特点以及内在逻辑，需要在探究思想政治教育过程的规律中，找到思想政治教育规律中的关键点，找到其顺利运转的发生作用的体系。"八个相统一"规律以宏观的视野对思想政治教育规律进行整体的审视，并在微观视野中把握其对新时代高校思政课系统建构、运行逻辑、资源载体、保障管理、评价激励等的作用和影响，在此基础上形成完整的逻辑回路，从而进一步深化了思想政治教育规律。具体来看，坚持

---

① 张耀灿，陈万柏.思想政治教育学原理［M］.北京：高等教育出版社，2001：145.

政治性和学理性相统一不仅反映出新时代高校思政课的战略地位，同时强化了其引导政治方向、约束规范行为、激发精神动力等的思想政治教育功能；坚持价值性和知识性相统一、坚持建设性和批判性相统一鲜明地反映了新时代高校思政课的目标与使命，反映着其价值引导的思想政治教育的功能；坚持理论性和实践性相统一、坚持统一性和多样性相统一既注重优化育人环境、分析新时代高校思政课环境构成要素，也注重分析其对人的思想品德形成和发展的影响；坚持主导性和主体性相统一、坚持灌输性和启发性相统一从新时代高校思政课方法和艺术的层面，对教学方法进行研究，不断提升教学艺术，以期达到事半功倍的思想政治教育效果；坚持显性教育和隐性教育相统一关注到新时代高校思政课的合适载体以及教育管理，强调调动一切积极因素，形成新时代高校思政课强大的"教育合力"。

其次，"八个相统一"规律深化了教书育人规律。"八个相统一"规律引导下的新时代高校思政课在把握思想政治理论课定位的同时，不断强化其政治导向、知识涵养、动力激发和全面发展功能，这与教书育人规律存在着高度的契合度。其中，政治导向功能在理想信念层面达到教书育人规律的要求，即强调通过新时代高校思政课提升大学生必备的政治素养，明确大学生的政治站位，在大是大非面前保持政治定力；知识涵养功能强调新时代高校思政课引导受教育者在知行合一中达到教书育人规律的要求，一方面通过传授政治知识、道德知识以及法律知识等提升大学生综合素养，另一方面通过鼓励大学生将所积累的知识外化于行，对自己的言行进行监督和调节；动力激发功能在新时代高校思政课的价值观念和精神追求层面体现教书育人规律的要求，通过新时代高校思政课培养和塑造大学生，为社会进步和发展提供后辈人才支持的原动力,并在通过激发大学生的主人翁意识、课堂参与感、民族自豪感,促使其以饱满的热情和精神状态对待自己的成长和发展;全面发展功能在新时代高校思政课受教育者的综合素质全面提升中体现教书育人规律的要求,"八个相统一"规律引领下的新时代高校思政课以大学生综合素质教育为依托,拓展和延伸课程的内容体系,满足大学生的全面成长需求,促进大学生综合能力的全面提高。

再次,"八个相统一"规律深化了大学生成长规律。"八个相统一"规律关注到当代大学生的基本特点,强调从关注大学生内心世界掌握其价值取向与行为选择的特点和模式深化大学生成长规律。具体来看,比如,坚持统一性和多样性相统一对于大学生成长规律来说,实质是关注到当代大学生群体中的多元化的成长特点以及多样化的发展需求。这些深层次的差异不仅反映着他们在性格、年龄、阅历、家庭教育、成长环境等方面的积淀,而且能够体现出他们的思想水平、认知观念、学习科研等的能力,因此在掌握大学生成长规律的基础上,"八个相统一"规律引导下的新时代高校思政课根据不同年级的大学生及时调整教学方式和方法,有针对性地对教学方式方法进行创新。又比如,坚持理论性和实践性相统一则将关注点放到大学生的成长体验和发展动力上。"八个相统一"规律引导下的新时代高校思政课不仅要向当代大学生传递为人处世的正确价值观,同时也要鼓励其在实践中磨炼意志、培养精神、涵养品格,在成长体验的真切实践中发现自己的弱项、补足自己的短板,激发其自身发展的动力,形成与自己的和解与理论的自洽。

最后，"八个相统一"规律深化了文化育人规律。文化育人规律与新时代高校思政课有着高度的吻合度，文化育人规律中蕴含着的持久的、深远的影响对于新时代高校思政课的育人实效来说具有"锦上添花"的效用。文化育人的力量就如同"盐"，看似无色无味地融入菜肴中，实则至关重要地影响着人体营养的吸收，对于新时代高校思政课来说，文化育人的力量融入其中，为新时代高校思政课这道"正餐"提供了必备的营养。"八个相统一"规律深化了文化育人规律主要体现在两个方面。一方面，在新时代高校思政课中要促成理论灌输与文化渗透的紧密融合，这与"八个相统一"规律中的灌输性和启发性相统一具有高度的契合性。文化的力量作为一种启发式的力量，是思想政治教育的有效补充，将思想政治教育融入文化现象中，通过文化渗透的方式，可以实现"入芝兰之室久而自芳"的教育效果，对理论灌输有着积极的正向作用，通过优秀的文化力量的启发和熏陶，在培养大学生思想道德和科学文化素质中"添砖加瓦"。另一方面，"八个相统一"规律引导的新时代高校思政课要充分集合和调动各种育人资源和育人力量。文化渗透在新时代高校思政课中发挥着重要的作用，文化育人资源是新时代高校思政课协同资源的重要力量。文化作为一种隐性的力量，是隐性教育中最为得力的资源。文化育人资源具有信念引导、价值熏陶、理想激励等思想政治教育的教育功能，其中也蕴含着人们高度认同的价值观念，具有明确的价值导向的作用，对新时代高校思政课育人实效的达成是大有裨益的。

## 第二节 "八个相统一"规律以时代性为动力源泉

"八个相统一"规律研判了新时代高校思政课的新形势和新特点，深刻总结了我国大学生思想政治教育的丰富经验和宝贵实践，体现了鲜明的时代要求，反映了时代发展变化的新特点，这样才能清晰准确地把握当代大学生的思想动态，真正地了解当代大学生的所思所想以及利益关切，有益于通过创新探索在课程内容、课程方法上提升新时代高校思政课，使新时代高校思政课在纷繁复杂中厘清重点，做到有的放矢、对症下药。

### 一、以中国情怀扎根中华大地

当前我国新时代高校思政课的成就得益于改革开放的坚实基础。没有改革开放40多年的积累，就不可能有今天新时代高校思政课建设的成效。"八个相统一"规律同样从我国改革开放的实践中汲取丰富的滋养，它植根于中国特色社会主义伟大实践、中国梦的实现和中华民族伟大复兴的历史进程。立足于我国改革开放发展实际，"八个相统一"规律在锚定航向的同时，也带来了源源不断的动力源泉。

首先，"八个相统一"规律包含着对我国改革开放发展实际的研判。"八个相统一"规律在把握时代关切的基础上，深入地剖析时代特点，就新时代高校思政课建设发展的重要问题进行回应。我国目前已经到了转变经济增长方式、创新经济发展动力、丰富经济样态形式的关键时期。经济体制的深刻变革、思想观念的深刻变化、各种社会思潮和文化的激荡交融等对青年大学生思想观念产生着深刻的影响，这成为新时代高校思政课建设必须解决的时代课题。"八个相统一"规律注重对理论问题和实际问题的研究，围绕大学生、服务大学生、研究大学生，解决好当前时代青年大学生的思想实际，引导新时代高校思政课不断提升其针对性。

其次，"八个相统一"规律引导下的新时代高校思政课反映我国改革开放的实践。中国改革开放的伟大实践促进社会生产力的发展，同时激发广大人民群众的首创精神，使中国昂首阔步、与时俱进地赶上世界发展的大趋势。一方面，"八个相统一"规律引导下的新时代高校思政课的教学内容反映我国改革开放的实践。"八个相统一"规律引导下的新时代高校思政课的教学内容要在中国特色社会主义实践的深厚土壤中汲取养分，在改革开放的实践中获得时代精华的滋润，用在改革开放过程中形成的实际理论拓展新时代高校思政课的内容、发展新时代高校思政课的内容、检验新时代高校思政课的内容，敢于回答、勇于回答、善于回答当代大学生切实关注的学习生活的实际问题，为新时代高校思政课的内容增添生动的现实实践，增强新时代高校思政课的时代感、影响力。另一方面，"八个相统一"规律引导下的新时代高校思政课的教学方法反映我国改革开放的实践。"八个相统一"规律在教学方法论层面用中国特色社会主义理论丰富新时代高校思政课的方法论，创新新时代高校思政课的教学方式以及教学方法，体现时代特色。比如，"八个相统一"规律中蕴含的理论灌输法、实践训练法、典型示范法和自我完善法等都是在党的思想政治工作实践中形成和继承的，不断跟进与时俱进、继往开来的中国特色社会主义伟大实践。

最后，"八个相统一"规律引导下的新时代高校思政课继承和发扬了我国改革开放的发展实际。"八个相统一"规律作为新时代高校思政课的基本遵循，其必然要符合时代要求，体现时代特征。"八个相统一"规律在充分遵循受教育者自身发展规律的基础上，大格局、宽视野、多领域地吸收和借鉴相关学科传递知识的模式和方法。比如，从管理学中得到教育管理大学生的锦囊妙计，从心理学中知晓大学生不同成长阶段的心理活动与变化，从社会学中把握大学生行为对应其所处的社会系统等，通过新时代高校思政课将关爱传递给大学生，使新时代高校思政课不再高高至上甚至遥不可及，拉近与大学生的距离，让新时代高校思政课成为大学生触手可及的得力帮手。同时，"八个相统一"规律引导下的新时代高校思政课给予大学生充分的自由度和自主性，充分考虑从教学建设原则、方法论等层面对新时代高校思政课立德树人根本任务进行全面深入细致的分析，将全面学习文化知识和培养思想品德紧密结合，注重理论知识学习的同时强调注意"千人千样"的个体差异，尊重、理解、包容大学生们各具特色的性格和行为差异，用真挚的情感和真诚的沟通感动和感染大学生，在与大学生平等相处、答疑解惑、心灵沟通的基础上取得大学生们的信任，不断提升新时代高校思政课的针对性和实效性。

## 二、以立德树人对标育人任务

"八个相统一"规律作为新时代高校思政课建设的基本遵循，要以新时代高校思政课立德树人的根本任务为明确的时代目标。一方面，"八个相统一"规律反映了立德树人的质的规定性。立德树人，树的应该是德智体美劳全面发展的建设者和接班人。"八个相统一"规律立足于培养全面发展的社会主义建设者和接班人这一根本目标，在坚持德育为先的同时，促进青年大学生的德智体美劳全方位深度发展、健康成长，大力推进提高大学生服务中国、服务广大人民的社会使命感，使大学生养成豁达淡然地面对困难的心态，拥有镇定自若地处理难题的决心，具备"删繁就简"地解决困境的本领。"八个相统一"规律从课程价值论、课程建设原则、教学方法论等层面对新时代高校思政课立德树人根本任务进行深入分析，坚持文化知识学习与思想品德修养的统一、理论学习与社会实践的统一、全面发展与个性发展的统一。

另一方面，"八个相统一"规律以综合性的视野推动立德树人。"八个相统一"规律推动立德树人的综合性视野体现在以下三个层面。其一，以系统和协同的视角筹划课程目标体系。"八个相统一"规律引导下新时代高校思政课的课程目标不仅要适应党的教育方针所规定的培养目标，同时必须适应人的全面发展要求。"八个相统一"规律对新时代高校思政课的课程目标进行划分，每个课程目标之间相互独立，并形成系统的、协同的课程目标体系。其二，对课程内容体系进行综合考虑、整体规划。在"八个相统一"规律的指导下新时代高校思政课的教育内容应当包括世界观、政治观、人生观、道德观、法治、心理健康等。所以，"八个相统一"规律要对这些课程内容进行综合考虑，整体规划。其三，形成整体性、综合性的课程方法体系。"八个相统一"规律从马克思主义的科学世界观、唯物辩证主义和历史唯物主义中得到方法论体系的理论内核与实践运用，在科学方法论体系的指导下，面对新时代高校思政课教育情景，形成了整体性、综合性的方法论体系，并随着实践的需要而不断变换教育方法。

### 三、以基本规律赋能守正创新

"八个相统一"规律是在对新时代高校思政课教学过程的要素与其矛盾运动的必然趋势之间的本质关系的充分理解的基础上凝练出来的，针对新时代高校思政课运行的规律群，旨在研究各要素之间是如何联系的，并且探究其相互作用的趋势如何。"八个相统一"规律科学总结了我国新时代高校思政课的发展规律，具体体现在以下三个方面。

第一，"八个相统一"规律是以新时代高校思政课基本规律为基础的。新时代高校思政课是一个综合性的运行体系，其课程设置、教材和教学方法应遵循自身的运行和发展规律。总体来说，"八个相统一"规律作为科学引领新时代高校思政课的基本遵循，在对新时代高校思政课运转过程中相关要素、重要环节等规律的触类旁通中顺藤摸瓜，找到新时代高校思政课运转的重要规律群，在深入学习和掌握马克思主义基本理论的基础上，遵循教育学的基本规律，遵循人的思想和行为的基本规律，遵循人的思想行为和环境影响的基本规律，遵循人的思想行为与教育管理的基本规律等。具体来说，"八个相统一"规律从课程价值论层面、课程建设层面以及教学方法论层面精准把握了新时代高校思政课的主要矛盾，抓住这些矛盾即能合理地认识和分析其基本规律。科学严谨的逻辑链条是"八个相统一"规律的突出特点，比如，坚持政治性和学理性相统一、坚持价值性和知识性相统一、坚持建设性和批判性相统一是彰显新时代高校思政课的课程价值属性的重要抓手，牢牢掌握意识形态教育的话语权，构筑好中国特色社会主义的精神长城；坚持理论性和实践性相统一、坚持统一性和多样性相统一则明确了新时代高校思政课的课程建设原则及导向，在兼具新时代高校思政课硬性规定的同时也须具有随机应变的灵活度；坚持主导性和主体性相统一、坚持灌输性和启发性相统一、坚持显性教育和隐性教育相统一拓展了新时代高校思政课教学方法论,将传统的教学方法论进行资源整合、优劣互补对于新时代高校思政课的教学质量是大有裨益的。

第二,"八个相统一"规律符合思想政治教育的基本规律。新时代高校思政课作为思想政治教育的重要组成部分,其运行必然遵循思想政治教育的基本规律,思想政治教育的基本规律包括:教育要求与受教育者思想品德发展之间保持适度张力的规律、教育与自我教育相统一的规律、协调与控制各种影响因素同向发挥作用的规律。"八个相统一"规律从不同维度涵盖了新时代高校思政课运行的规律,"八个相统一"规律是在总结思想政治教育基本规律的基础上形成的。"八个相统一"规律紧紧围绕新时代高校思政课需要解决的问题,其中的每一个相统一都具有鲜明的问题意识,只有将每对相统一的切入角度与思想政治教育的基本规律相互联系才可以加以领悟,才能结合实际进行深刻的贯彻与体会。只有不断创新方式和方法,新时代高校思政课才能具备历史的深度、知识的厚度、情怀的温度。

第三,"八个相统一"规律遵循思想政治工作的"三大规律"。"三大规律"是指要遵循思想政治工作规律、教书育人规律以及大学生成长规律。① 这一规律体系系统总结了高校思想政治工作的内部运行结构,对于新时代高校思政课发展规律具有重要借鉴意义。思想政治工作的"三大规律"潜移默化地影响着"八个相统一"规律的内部机理以及实际导向,具体体现在以下三个方面。其一,坚持政治性和学理

---

① 习近平在全国高校思想政治工作会议上强调 把思想政治工作贯穿教育教学全过程 开创我国高等教育事业发展的新局面[N]. 人民日报,2016-12-09(1).

性相统一要求新时代高校思政课建设发展遵循思想政治工作规律。对于新时代高校思政课来说，坚持政治性和学理性相统一是把握思想政治工作规律的两把钥匙，离开了政治性谈学理性会落入偏离方向的窠臼，离开了学理性理解政治性则会失去理论深度，因此坚持两者的辩证统一是遵循思想政治工作规律的重要因素。其二，坚持价值性和知识性相统一要求新时代高校思政课建设发展遵循教书育人规律。传授知识和引导价值是教书育人的内在规定性，这一内在规定性也融入新时代高校思政课的建设与发展中，渗透在教学活动和育人实践中。坚持价值性和知识性相统一在兼顾传递知识和引导价值方面实现教育效果的最大化，既彰显了新时代高校思政课的学科特性，也贯彻了新时代高校思政课的课程目标要求，实质上是在遵循教书育人规律的基础上坚定大学生的理论自信，并将大学生合理正当的成长需求置于亟须解决的重要地位，鼓励大学生全面发展。其三，坚持主导性和主体性相统一要求新时代高校思政课建设发展遵循大学生成长规律。一旦忽略、忽视、摆脱大学生这个主体，新时代高校思政课再怎么付诸行动，也只是教育者的"单口相声"。坚持主导性和主体性相统一中蕴含着以人为本的价值旨归，不仅重视教育者的主导作用，同样也注重受教育者的主体地位，从两者双向互动的角度遵循、阐释、理解大学生成长的规律。充分尊重大学生主体性体现在从大学生的认知阶段、需求关注、学情特点出发，给予大学生自我表达、自我探索、自我建构的机会，使大学生在教学过程中进行自主思考，积极要求自我进步，拥有主动学习的动力，同时认识到生命的过程中也伴随着学习的历程，学习已经不再是一项差事或任务，而是一种了解生命宽度、敬畏生命长度的进取态度，使大学生发自内心地认识到自己是学习过程中的主人。

## 四、以时代要求厘清发展脉络

"八个相统一"规律充分把握了新时代高校思政课发展的时代脉络。新时代高校思政课发展的时代脉络需要究其本源，要从思想政治教育的学科属性中"一探究竟"。每一门学科都拥有其特定的学科属性。对思想政治教育而言，它的显著特征就是意识形态性，它必须与特定的社会、阶层的意愿相一致，旨在让社会成员接受和掌握一定的思想观点，通过富含意识形态的教育活动使受教育者接收到社会广泛认可的道理和观点，使受教育者朝着社会所需要的育人发展方向而努力。思想政治教育作为一门学科，专业性是其主要特性，作为马克思主义一级学科下设的二级学科，思想政治教育有着明确的、专业的学科边界，在此基础上进一步凸显学科定位，点明学科性质，凝练学科特色。思想政治教育的学科性质决定了其科学性，思想政治教育的科学性体现在理论性与应用性是构成其科学性的重要环节，思想政治教育的基本理论不断地夯实学科根基、打牢学理基础。具体而言，从思想政治教育的原理、方法、历史的角度等各方面"添砖加瓦"，形成思想政治教育完整的理论体系；同时，思想政治教育的育人魅力与其在实际工作中的预判、选择、执行、管理等息息相关，思想政治教育的实践指向要求思想政治教育的学科建设必须是以应用研究作为价值旨归的。

"八个相统一"规律通过总结、概括、提炼思想政治工作过程中的经验和启发，为新时代高校思政课的理论视野和实践空间增添了规律性和前沿性问题。思想政治教育的学科归属为"八个相统一"规律奠定了学理建构的基调。"八个相统一"规律在总体把握思想政治教育的学科属性的基础上，为把握新时代高校思想政治理论课的时代脉络提供了思路引领、系统建构与方法引领。首先,"八个相统一"规律反映出思想政治教育科学的意识形态性。"八个相统一"规律旨在引导新时代高校思政课,培养符合党和国家要求的社会主义事业的建设者和接班人,使源源不断的"新鲜血液"循环到党和国家的运行体系当中。"八个相统一"规律着眼于思想政治教育科学的意识形态性,使这些未来的接班人必须具有强大的思想理论的引导,才可以扛过接班的大旗,因此必须牢牢把握住不断丰富发展的马克思主义这一思想旗帜,使这些未来的接班人在马克思主义理论创新成果中获取知识的力量、精神的动力和前进的勇气。

其次,"八个相统一"规律反映出思想政治教育的学理性。不仅体现在"八个相统一"规律体现了思想政治教育的时代特点,也凸显了贯穿思想政治教育的价值目标。一方面,"八个相统一"规律在深入研究我国思想文化建设的新形势和新任务的基础上,深刻总结了我国新时代高校思政课的丰富实践和宝贵经验,努力探索引导大学生思想、行为融入国民教育全过程需要解决的问题以及好的经验做法,把握当代大学生的思想脉搏,创造性地开展工作。另一方面,"八个相统一"规律引导新时代高校思政课培育的重要内容之一就是帮助当代青年大学生形成符合党和人民事业发展要求的价值目标。寓价值传导于知识讲授中就是要引导青年大学生明确中国特色社会主义价值体系的价值主体定位、价值目标、价值追求等的深刻内涵,激发青年大学生自觉投身于改革开放和社会主义现代化建设事业的内生动力,在实现社会价值的实践中实现个人价值。

最后,"八个相统一"规律反映出思想政治教育的科学性。坚持思想引领和联系实际相结合,坚持思想引领就是坚持以马克思主义为指导，这样才能决定育人的方向，解决好青年大学生的理论需求，找到青年大学生的理论关注点，了解青年大学生的理论接受程度，以他们乐于接受的形式，逐步地、耐心地、细致地为青年大学生讲解理论，满足其理论需求，最终把马克思主义和马克思主义中国化的最新理论成果入脑、入心，并勇于解答青年学子在理论与实践上遇到的困惑与疑惑，要将解决思想问题和解决实际问题结合起来，注重大学生在实践中的成长发展和素质提升，在理论与实际的结合中不断提升新时代高校思政课的针对性和实效性。

## 第三节　"八个相统一"规律以实践性为最终旨归

新时代高校思政课获得学科发展和理论突破的关键是要紧紧把握实践这一法宝，通过实践提升新时代高校思政课建设的针对性。新时代高校思政课的教学经验、课程目的、内容设计、方法模式等均从实践中获得经验启发和锦囊妙计，同时新时代高校思政课的整体运转也通过实践加以检验，保留合理的部分，改革不合理的因素，使新时代高校思政课的整体运转良好流畅。"八个相统一"规律正是把握住"实践"这条生命线，对新时代高校思政课在实践中产生的新问题、新情况进行阐释和回答，着眼于解决实际问题形成具备自身学科特点的研究范式、研究方法、研究创新等。新时代高校思政课建设"八个相统一"规律的实践性主要体现在以下四个方面。其一是蕴含课程价值论、课程建设原则、教学方法论；其二是解决新时代高校思政课创新发展中的实际问题;其三是推进知、情、意、信、行的统一与转化;其四是在辩证统一中增强新时代高校思政课的发展动力。

## 一、蕴含课程价值论、课程建设原则、教学方法论

"八个相统一"规律引领下的新时代高校思政课要突出实践育人的重要功能,引导大学生将在新时代高校思政课中习得的行为规范、价值准则、为人处世等的知识和经验落实到实际的学习、生活、实践中。"八个相统一"规律直面新时代高校思政课的实际问题,注重在实践中通过保持问题导向来发现疑难点,凭借建构学理分析来解析重点,最终通过突出重点的方式各个击破。具体来说,"八个相统一"规律主要从课程价值论层面、课程建设原则、教学方法论三个层面提出了明确的、具体的实践方法,这实质上就是新时代高校思政课建设"八个相统一"规律的实践性在微观层面的生动反映。

坚持政治性和学理性相统一、坚持价值性和知识性相统一、坚持建设性和批判性相统一是"八个相统一"规律在课程价值论层面对新时代高校思政课的实践要求。首先,新时代高校思政课要在教学过程中充分发挥政治性和学理性的本质属性,找到政治方向与学理知识的平衡点。政治性和学理性是新时代高校思政课寻根究底的本质属性,两者是密不可分的。政治性是学理性的方向支撑,有了政治性保驾护航的学理性更加彰显出学科知识的魅力,政治性也在学科知识魅力的展现中更加凸显思想的韵味;学理性是政治性的知识辅助,有了学理性知识支撑的政治性更加凸显出方向的权威,学理性也在坚定的政治方向中展现润色黏合的特色。因此,要找到不断提升课程水平的政治素养和知识能力的结合点,要以富含政治方向和学理知识的习近平新

时代中国特色社会主义思想铸魂育人。其次，新时代高校思政课要承担起知识传授和价值引导的光荣使命，要在知识性和价值性的深度融合中为大学生树立理论自信，引导大学生树立正确的三观，促进大学生全面发展。要在课程内容、教师队伍、教育对象、教育方式方法等四个维度探索价值引导和知识传授的结合点。最后，新时代高校思政课既要引导大学生树立正确的理想信念和价值认识，也要理直气壮地与不良社会思潮和错误观点进行斗争，不断提升大学生的理论认知水平和批判性思维。因此，要在实践中把握建设性和批判性相统一的科学方向，并不断提高教师队伍的理论水平、教学理念等，提高建设性和批判性相统一的驾驭能力。

坚持理论性和实践性相统一、坚持统一性和多样性相统一是"八个相统一"规律在课程设置层面对新时代高校思政课的实践需求。一方面，新时代高校思政课既要注重大学生自身马克思主义理论知识体系的构建，也要注重培养大学生解决实际问题的能力，应在教学目标、教学内容、教学环节、教学评价等方面实现理论性和实践性的有机统一。衡量新时代高校思政课的教育成效，要将理论标准和实践标准均纳入考核范围，通过考核指标、考核机制、考核内容、考核评价等的综合判定，引导大学生将学习马克思主义理论知识体系的理论能力以及解决实际问题的实践能力结合起来。另一方面，新时代高校思政课要在教学目标、课程设置、教材使用、教学管理等方面落实统一的要求，也要根据不同地区、不同高校、不同大学生群体等的具体情况因地制宜、因时制宜、因材施教。既要保证新时代高校思政课做好"既定动作"，也要给予其做"自选动作"的空间，用"既定动作"规范"自选动作"，也要用"自选动作"为"既定动作"加分。这就如同在体操比赛中,"既定动作"的完成不足以保证运动员取得最终的优异名次,只有保证"既定动作"完成度的基础上,根据每个运动员的擅长点,拿出各具特色、精心准备的"自选动作"才能争取获得历史性的突破。所以,新时代高校思政课也要理顺统一性和多样性的逻辑进路,在完成既定任务的同时,对可选部分进行精心雕琢。

坚持主导性和主体性相统一、坚持灌输性和启发性相统一、坚持显性教育和隐性教育相统一是"八个相统一"规律在教学方法论层面对新时代高校思政课的实践要求。其一,师生关系是新时代高校思政课教学互动中重要的子系统。教师在知识传承、思想奠基、道德教育、能力培养、信念培育等方面占据主导地位;大学生在接受信息、掌握知识、自主思考、评价回馈中占据主体地位。新时代高校思政课要遵循主导性和主体性相统一的实践原则,找到师生关系的关键着力点,构建教师与大学生以"合作对话"为主的交互、和谐的师生关系。其二,要避免只是单纯的"照本宣科"式的灌输方式,要将重点放在对青年大学生的启发上。新时代高校思政课在构建教学内容、把握教育对象、建设教育环境中要将灌输性和启发性统筹起来,新时代高校思政课通过向青年大学生们教授马克思主义的立场、观点和方法,使大学生们在领略马克思主义理论体系的学理魅力中产生对马克思、恩格斯进一步了解的想法,主动追随这些思想先哲的理论足迹,产生属于自己的对事物的观点,慢慢学会对待任何事物具备淡然自若、了然于心的本领。其三,新时代高校思政课处于"大思政"的总体格局下,要充分挖掘各类学科、各类课程等的育人资源以及育人力量,不仅将显性教育作为教育的重要渠道,同时要重视隐性教育的育人功效,形成在教学理念、教育内容、运转机制、教学形式上的协同,依据不同育人方式的特点和要求，寻求显性教育和隐性教育的结合。

## 二、解决新时代高校思政课创新发展中的实际问题

当代中国改革开放以及社会主义现代化建设的伟大实践，形成了新时代高校思政课最鲜明的时代背景。"八个相统一"规律的提出，为新时代高校思政课的理论和实践的实际问题提供了参考。第一，"八个相统一"规律在适应时代要求中坚持并巩固高校思想政治理论课的正确方向。新时代高校思政课沿着正确的方向前进，能够明确新时代高校思政课的培养目标，指明其培养路径、指导其培养方法，甚至可以决定着我们党和国家事业发展的兴衰成败。一方面，要坚持立德树人，以马克思主义为指导，使新时代高校思政课在培养人才过程中的地位和作用得到充分发挥。具体来看，坚持政治性和学理性相统一即在新时代高校思政课的课程建设过程中，通过引导正确的政治方向使大学生们获得知识、坚定信念。所以，我们必须坚持马克思主义在实践中的指导作用，坚持马克思主义中国化的理论成果，把它作为一种信仰和知识的源泉，让大学生们自觉地将自己置于中华民族伟大复兴中国梦的宏伟蓝图中。另一方面，"八个相统一"规律在与时代发展同步的基础上坚持并发展马克思主义，凸显了与时俱进的理论品质，在科学把握时代特征的前提下拓展视野、丰富内涵。"八个相统一"规律首次将关乎新时代高校思政课发展的八对矛盾进行系统的阐释，深入地思考在当前这个机遇与挑战并存的社会，新时代高校思政课的实际教学也面临着复杂的国际国内的具体情况，一些社会思潮会对部分大学生的思想、情绪、观点造成干扰，大学生需要在这些良莠不齐的信息中增强定力、把握底线、克服诱惑。新时代高校思政课需要敏锐地搜寻

青年学子们的关注点、兴趣点，为青年学子的成长"引好路"。"八个相统一"规律是在新时代高校思政课内容拓展以及环节渐变等的基础上进行的系统性、整体性的思考，这也为新时代高校思政课在实践中的应用提出了一些建议。

第二，"八个相统一"规律着重注重激发和满足受教育者的需求。当代大学生处于大数据时代，他们每天处于海量信息的选择和筛选环境中，他们在信息中搜寻知识、形成认知。因此，新时代高校思政课需要激发大学生的需求和愿望，有计划、有步骤地进行教育和灌输，激发他们积极的求知热情，震撼他们的心灵，形成直指内心的教育实践。其中，坚持主体性和主导性相统一要求教育者敏锐捕捉受教育者对自身发展需要的渴望，找到受教育者的内在需求并且激发其作为教学活动的主人的满足感、自豪感、积极性和主动性，有助于完成预定的教学目标。为此，"八个相统一"规律指导下的新时代高校思政课在课堂教学环节，比如课堂讨论教学法、情景创设法、典型案例法等平等互动的教学方法是为教育者及时、敏感地捕捉受教育者的需求和愿望而设计的。

第三，"八个相统一"规律深入挖掘和把握新时代高校思政课的文化内涵。我国的教育文化资源在丰富的教育育人实践中孕育而成，"八个相统一"规律依托我国丰富的教育文化资源，并在其中牢牢生根、深受浸润、尝试发芽，为"八个相统一"规律赋予厚重的文化内涵。挖掘和把握高校思想政治理论课的文化内涵，首要就是深入研究"八个相统一"规律与文化发展相联系的内容和沟通方式。其中，通过在教育方式上的显隐结合，找到新时代高校思政课与校园文化的契合点，充分借鉴校园文化在育人过程中的耳濡目染、潜移默化的环境塑造，校园文化通过塑造积极、健康、向上的环境使身处其中的大学生的行为不知不觉地进行规范和约束，并将一些文化的元素默默融入新时代高校思政课的实际教学过程中，将文化的"软力量"巧妙地融入新时代高校思政课的育人实效中。

### 三、推进知、情、意、信、行的统一与转化

推进知、情、意、信、行的统一与转化是促使大学生思想品德形成与转化的重要催化剂。思想品德的形成过程实际上是在一定外界环境条件的影响下人们内在的知、情、意、信、行诸要素辩证运动、均衡发展的过程。① 新时代高校思政课教育目标的达成，需要激发青年大学生主动求知的热情与渴望。这种内在的求知动力需要遵循知、情、意、信、行的运行逻辑和发展规律，使青年大学生真正认可并努力学习，最终将教育实践直至心灵并震撼内心。"八个相统一"规律从推进知、情、意、信、行的统一与转化等方面深入地剖析大学生思想品德形成的发展历程，促进大学生知行合一的实现。

在知的层面，知是指思想品德认识。"八个相统一"规律引导下的新时代高校思政课强调通过马克思主义理论帮助大学生提高其思想道德认识，凭借强大真理力量的引领，大学生思想道德认识会形成较为全面、系统、深刻的认识，有助于大学生迈出由知向行转化的重要的第一步。

在情的层面，情是指思想品德情感。"八个相统一"规律引导下的新时代高校思政课注重对大学生情感方面的引导与调节，一方面，坚

---

① 张耀灿，陈万柏.思想政治教育学原理［M］.北京：高等教育出版社，2001：120.

持价值性和知识性相统一为大学生养成正确的思想品德情感指明了方向，青年时期是培育和确立价值观的关键时期，通过对大学生在情感态度和价值观念等方面的正确指引，坚定大学生对马克思主义的信仰。另一方面，坚持建设性和批判性相统一注重培养青年大学生的创新思维和辩证思维，敢于用科学的怀疑精神面对问题，提升了大学生对不良思潮和错误观点等的辨别能力，在情感层面拥有坚定的精神力量。

在意的层面，意是指思想品德意志。"八个相统一"规律引导下的新时代高校思政课注重对大学生思想品德意志的培养与塑造，有了良好的意志品质作为大学生成长发展的基础，相应的行为习惯也会进入良性循环。良好的意志品质需要有科学的政治信仰作为支撑，新时代高校思政课以马克思主义科学理论为指导的社会主义理想信念为强大的精神支撑，为大学生的精神世界赋予了强大的指导力量，有了正确信仰的指导，才可以使大学生目标明确、动力十足、行稳致远。

在信的层面，信是指思想品德信念。新时代高校思政课要求引导大学生成人成才，形成正确的"三观"。"八个相统一"规律中的坚持政治性和学理性相统一明确指出，要引导大学生坚定马克思主义、社会主义和共产主义信仰，培养爱国主义精神，将强大祖国的意志、报答祖国的决心渗透进大学生的学习、生活与实践中，实时关注社会的最新动态，观察人生百态，在自己力所能及的范围内去帮助那些亟须帮助的人们，知晓自己好是基础条件，能通过自己的努力使大家都好才是最终追求。

在行的层面，行是指思想品德行为。"八个相统一"规律引领下的新时代高校思政牢牢把握理论性和实践性这两个维度，强调知识学习和解决现实问题相结合，实际上推动了"由知向行"的转化。加强理论的实践导向，促进大学生将内化观念与外化行为进行同构，促进青年大学生"知"与"行"的实现。

综上所述，"八个相统一"规律从大学生思想品德的形成与转化层面进行整体性把握，推进知、情、意、信、行诸要素统一与转化在"八个相统一"规律的统领下，经历了一个由简单到复杂、由低级到高级的实时动态发展阶段，几个要素彼此之间相互依赖、相互影响、互为制约和互相渗透，形成平稳运转的合理体系。

### 四、在辩证统一中增强新时代高校思政课的发展动力

对于新时代高校思政课来说，其发展需要遵循一个规律群，在这个规律群中充满着矛盾的对立与统一。"八个相统一"规律立足新时代高校思政课建设的基本规律，指出了新时代高校思政课建设和发展需要重点关注的八对矛盾，遵循规律，化解矛盾，这正是新时代高校思政课发展动力的主要课题。

"八个相统一"规律有相互对立、排斥、制约的一面，也有相互联系、转化、渗透和促进的一面。一方面，从矛盾对立的角度来分析。"八个相统一"规律中的八对矛盾是对新时代高校思政课的学科属性、目的任务、课程建设、教学方法、过程管理等重点领域的重点内容的分析，每一对矛盾均指向新时代高校思政课的某一属性，但是具体到某对矛盾中，即体现了同一事物的不同方面。比如，坚持建设性和批判性相统一是对新时代高校思政课的课程建设层面的整体要求，但是就"建设性"和"批判性"来看，新事物既要克服旧事物的消极因素，又要保留它的积极因素，体现出辩证否定的"扬弃"。"批判性"即克服消极因素，"建设性"即保留并发展积极因素，将建设性和批判性结

合起来,在"扬弃"的基础上,构建、发展新事物的过程。

另一方面,从矛盾统一的角度来分析。"八个相统一"规律中的八对矛盾是一个整体,服务于立德树人的根本任务。这八对矛盾实际上从不同方面着手,其一,八对矛盾是对新时代高校思政课建设长期以来的经验规律的总结,直面教师和大学生对新时代高校思政课的需求和期待,并且八对矛盾从课堂教学的主渠道层面有针对性地回答了"培养什么人、怎样培养人、为谁培养人"这个重要问题;其二,八对矛盾指出了新时代高校思政课要解决的矛盾和问题,深刻回答了新时代高校思政课改革创新的重点与难点。有了矛盾对立统一这个重要抓手,新时代高校思政课创新与发展形成了重点突出、层次分明的发展格局,因此,在八对矛盾的对立统一中抓住重点,持续发力,久久为功,形成突破,从深层激发新时代高校思政课的持续发展。

# 第四章

# 新时代高校思政课建设"八个相统一"规律的内在机理

　　新时代高校思政课建设"八个相统一"规律有其运行的内在机理。"八个相统一"规律秉承系统视角，融合新时代高校思政课建设的课程属性、价值导向、对象需求、方法选择等要素，形成蕴含着本体论、价值论、对象论、方法论的系统结构，推进新时代高校思政课的科学运行。因此，分析"八个相统一"规律主要环节的内在属性，把握"八个相统一"规律主要环节的不同类型，厘清"八个相统一"规律主要环节的紧密联系与运行逻辑，对发挥新时代高校思政课建设"八个相统一"规律的效用具有重要意义。具体而言，在本体论层面，坚持政治性和学理性相统一、坚持价值性和知识性相统一凸显新时代高校思政课的本质属性。在价值论层面，坚持建设性和批判性相统一、坚持理论性和实践性相统一，坚持人的全面发展的价值指向。在对象论层面，坚持统一性和多样性相统一、坚持主导性和主体性相统一，关切教育对象成长发展需求。在方法论层面，坚持灌输性和启发性相统一、坚持显性教育和隐性教育相统一，丰富新时代高校思政课的教学方法。

　　"八个相统一"规律是整体规划、紧密运转、相互协作的运转体系。从整体来看，"八个相统一"规律内部的运转体系之间相辅相成，珠联璧合，辩证统一于新时代高校思政课的教学实践中，推动着新时代高校思政课"扬弃"。"八个相统一"规律在内部贯穿着新时代高校思政课建设的运行逻辑，将新时代高校思政课的内在机理划分为本体论、价值论、对象论、方法论这几个层面，有助于更加系统、更有条理、更加清晰地认识新时代高校思政课建设的整体规划与统筹布局。从新时代高校思政课建设与发展的不同视角来看，每一对矛盾都在一定程度上浓缩了新时代高校思政课建设在微观层面的深入思考与独到见解。每相邻的两对矛盾之间相互关联，共同构成一组关于新时代高校思政课的本质属性、价值指向、对象需求、方法指导的根本遵循和前进方向。从本质上看，"八个相统一"规律中包含着对新时代高校思政课本体论、价值论、对象论、方法论的深刻思考。

## 第一节　凸显学科发展的本质属性

要充分发挥新时代高校思政课铸魂育人的功能，必须从新时代高校思政课本体论的角度来深刻理解其突出的学科特性。"八个相统一"规律中的前两对矛盾所体现的政治性和学理性、价值性和知识性从新时代高校思政课本体论的角度，赋予了新时代高校思政课区别于其他课程的功能和作用。因此，科学把握"八个相统一"规律的内在机理需要以全局性的思路统筹考虑，既要分析每对矛盾之间的相互关系，也要理解每对矛盾在"八个相统一"规律中的地位和作用，在整体上理解新时代高校思政课运行的基本规律。具体来看，从理解每对矛盾之间的相互关系的视角来看，坚持政治性和学理性相统一彰显马克思主义的理论底色，坚持价值性和知识性相统一展现马克思主义教育的本质特色。从理解每对矛盾在"八个相统一"规律中的地位和作用的视角来看，坚持政治性和学理性相统一统领着新时代高校思想政治理论课的建设，坚持价值性和知识性相统一反映新时代高校思政课的价值取向。

## 一、彰显马克思主义的理论底色

"马克思主义是科学的理论，创造性地揭示了人类社会发展规律。"[①]马克思主义科学的意识形态性为新时代高校思政课的政治性提供了支撑力量；马克思主义的科学性则凸显在其学理建构中，因此不断深化着新时代高校思政课学理性的理论品质。"八个相统一"规律引领下的新时代高校思政课继承和发扬了马克思主义的理论底色，将坚持政治性和学理性相统一置于引领新时代高校思政课的首位，这是由新时代高校思政课贯彻马克思主义的意识形态性和科学性决定的，也反映出新时代高校思政课的本质特色。

政治性是新时代高校思政课的本质属性。新时代高校思政课是落实立德树人根本任务的关键课程，承担着培养社会主义建设者和接班人的政治任务，因此新时代高校思政课具有深刻的政治属性，具体体现在以下三个方面。其一，新时代高校思政课的政治性是由其指导思想决定的。新时代高校思政课以马克思主义理论和马克思主义中国化的最新理论成果为理论基石，是塑造大学生传递主流意识形态的政治课程。马克思主义的理论性在于，它始终站在广大人民的立场上，其理论是为无产阶级和人民大众服务的，始终致力于无产阶级和全人类

---

① 纪念马克思诞辰200周年大会在京举行　习近平发表重要讲话［N］. 人民日报, 2018-05-05（1）.

的解放。新时代高校思政课以马克思主义中国化理论创新成果为重要内容，新时代高校思政课始终坚持马克思在意识形态领域的科学指导地位，聚焦铸魂育人，捍卫党的领导核心。综上所述，新时代高校思政课指导思想的政治属性为其奠定了政治性的理论底色。其二，新时代高校思政课的政治性是由其作用和地位决定的。新时代高校思政课理应承担起向大学生传授思想理论、价值观点等马克思主义思想精髓的使命。对于当代青年大学生来说，他们正处于人生成长发展的重要阶段，更需要新时代高校思政课的教育引导。新时代高校思政课需要发挥其铸魂育人的栽培作用，理直气壮地承担起立德树人的根本任务。其三，新时代高校思政课的政治性也是由其培养目标决定的。培养德、智、体、美、劳全面发展的符合党和国家发展要求的建设者和接班人，是新时代高校思政课建设发展过程中必须要对标的育才目标，因此新时代高校思政课的政治性体现在需要为青年大学生价值判断和发展方向等规划、把关，需要确定其正确的政治立场，使其具备坚定的理想信念，拥有浓厚的爱国主义情怀。

学理性是新时代高校思政课的学科属性。新时代高校思政课作为一门科学的理论学科，其中包含着丰富的学理内涵，新时代高校思政课的学理性可以从理论逻辑、历史逻辑、实践逻辑等层面进行深入剖析。具体来看，一是新时代高校思政课具备理论的"深度"。马克思主义及其中国化理论创新成果是新时代高校思政课在理论层面的指导思想，马克思主义理论及其中国化最新理论成果的科学性决定了新时代高校思政课的学理性。马克思主义理论及其中国化最新理论成果是一个严密的理论逻辑体系和思想理论体系，同时也是新时代高校思政课的"营养剂"。也因此决定了新时代高校思政课拥有强大的思想武器为青年大学生提供方向指引、方法指导、思维启迪，以透彻的理论分析来指导实践，用深刻的思想和理论去说服大学生，用强有力的真理来引导大学生。二是新时代高校思政课具备历史的"厚度"。从高校思政课的历史发展脉络中不难发现，其在课程建设的历史过程中越发地凸显了其课程的学理性，比如，从不同的历史阶段，"85方案""98方案""05方案"对高校思政课的课程设置、内容、课时进行了系统的规划，不断充实高校思政课的教学内容、知识体系以及学理建构与时代意蕴。三是新时代高校思政课具备实践的"温度"。一方面，新时代高校思政课学理性的现实观照更为凸显。现实问题—理论创新—现实问题成为新时代高校思政课与时俱进理论品格的重要保障。党的十八大以来，以习近平同志为核心的党中央深刻地论述了中国坚持和发展什么样的社会主义，形成了习近平新时代中国特色社会主义思想，为新时代高校思想政治理论课学理性打下了坚实的基础。另一方面，新时代高校思政课不断深化现实问题的研究。新时代高校思政课不是"纸上谈兵"，也不是"徒托空言"，新时代高校思政课以马克思主义理论学科引领实现理论讲授与实践应用相统一，才能彰显新时代高校思政课学理性的最终旨归。因此，深化对社会问题、对大学生思想与实际问题的研究等，在理论探源与实践确证的紧密联系中进一步把握新时代高校思政课的学理性。

由此可见，坚持政治性与学理性相统一是由马克思主义的理论底色决定的，实现政治性和学理性相统一要正确处理好政治性和学理性这两个关键因素，使两者的关系稳定和谐、相辅相成。一方面，要以政治性引领学理性的正确政治方向。新时代高校思政课的性质和功能决定了其必须坚定正确的政治方向，要以政治性为引领，通过培养大学生的政治意识、政治立场及政治观点等强化对大学生的政治认知以及政治认同。新时代高校思政课要将政治性置于优先地位,将坚持正确的政治方向贯穿到知识涵养的全过程。既要充分利用新时代高校思政课的政治性帮助大学生树立坚定的政治方向和政治立场,要鼓励大学生树立起祖国发展、民族兴旺与个人成长紧密相关的理想信念,也要帮助大学生掌握马克思主义科学理论和方法,激发其自身参与政治生活的动力来源和热情,在政治生活的实际参与中逐步提升坚定其政治信仰。同时,也要凭借新时代高校思政课的政治性帮助大学生提升政治定力、政治鉴别力。新时代高校思政课政治性的重要体现之一,就是为青年大学生们明确方向、判断大是大非提供正确指引。总之,新时代高校思政课的政治性功能体现在为大学生增强政治定力,引导和帮助大学生树立正确的理想信念,在面对错误思潮和错误思想时做到明辨是非,保证正确的政治方向。

另一方面,要以学理性在科学理论根基上夯实政治性。新时代高校思政课需要学理性进行学术支撑,同时新时代高校思政课的政治性也需要依托于学理性,只有建立在学理性上的政治性,才能将思想的力度与理论的深度紧密结合起来。一要通过新时代高校思政课的学理性在知识传授过程中积累和涵养知识。新时代高校思政课通过传递知识、传承文化、传授理论等可以进一步地引领青年大学生坚定价值取向、巩固理想信念,使大学生们在知识获取的过程中明确思想的深邃、理论的透彻。二要充分利用新时代高校思政课的学理性提升大学生的综合素养。新时代高校思政课的学理性还体现在传授多方面的知识上,比如通过传授政治、道德、法治、文化等方面的相关知识培养大学生具备高尚的道德情操、扎实的科学文化修养、健康的身心素质以及良好的审美志趣，通过新时代高校思政课的学理性促进大学生的知行合一。总之，新时代高校思政课的学理性不仅体现在帮助大学生提升认知能力上，更体现在引导大学生将所积累的知识外化于行，在实践中对自己的言行进行适时的调整和纠偏。

在新时代高校思政课的实际教学中坚持政治性与学理性相统一是突出其实效性的关键之处。在过往的一些高校思政课的课堂教学中，存在着政治性与学理性结合不紧密的情况，陷入"只谈政治不讲学理""只讲学理不谈政治"的不良现象，脱离了政治性，学理性会迷失方向；脱离了学理性，政治性会味同嚼蜡。比如，有些高校思政课的课堂教学盲目追求政治性，虽然政治观点、政治观念等正确，但是照本宣科、自说自话、缺乏新意，最终会失去大学生的兴趣和关注，与高校思政课的课程开设本意愈行愈远。有些高校思政课的课堂教学跳过政治性空谈学理性，虽逻辑严密、结构严谨，但忽视了高校思政课的政治功能，这与高校思政课的初衷背道而驰，出现这些现象的原因是没有将"八个相统一"规律"悟透""用好"，归根结底是断裂了新时代高校思政课的政治性和学理性。因此，要将政治性和学理性辩证统一于新时代高校思政课的教学实践中，既要以政治性引领学理性，也要以学理性支撑政治性，在政治性中涵育学理性，在学理性中展现政治性。

## 二、统领新时代高校思政课的建设发展

"八个相统一"规律是一个整体，相互之间必然存在着稳定的、内在的、必然的联系。坚持政治性和学理性相统一居于"八个相统一"规律之首，反映了新时代高校思政课的学科地位以及课程属性，统领新时代高校思政课的建设发展，具体体现在以下三个方面。

　　坚持政治性和学理性相统一奠定新时代高校思政课科学的理论解析。坚持政治性和学理性相统一居于"八个相统一"规律之首，并以总体的眼光和全局的视野对"八个相统一"规律在理论层面给予指导。由于政治性和学理性最能说明、把握、反映新时代高校思政课的学科地位和学科属性，对于其他几对矛盾来说具有指引、示范的作用，理应从科学的理论解析层面对"八个相统一"规律引导下的新时代高校思政课进行指导。一方面，坚持政治性和学理性相统一要求始终坚持马克思主义的指导地位。马克思主义作为科学的世界观和方法论，马克思主义的人民性、实践性、开放性为华夏大地找到了新的出路，也为新时代高校思政课奠定了完备的理论体系。坚持政治性与学理性相统一是巩固马克思主义在新时代高校思政课中指导地位的重要举措，有助于凝聚价值共识，在"八个相统一"规律中传递科学的理论基础，以科学的思想体系和完备的学理内容引领其他几对矛盾。另一方面，坚持政治性和学理性相统一明确要求以中国特色社会主义理论体系教育广大教师大学生。坚持政治性和学理性相统一要求广大师生深入了解中国特色社会主义的历史进程、时代价值、内在逻辑和科学内涵，认识到几代中国共产党人的智慧凝结，在科学理论的层面形成具有权威性的共识，在其他几对矛盾中有效贯彻、把握新时代高校思政课的政治性和学理性，将此共识贯穿于"八个相统一"规律中，新时代高校思政课因此有了坚挺的"理论脊梁"。

　　坚持政治性和学理性相统一明确新时代高校思政课的政治方向。新时代高校思政课具有较强的政治性，只有确保新时代高校思政课符合社会发展要求，坚持正确的政治方向，才能始终保持其本质特色，确保我国新时代高校思政课的社会主义属性，并且统一师生思想。充分发挥新时代高校思政课"铸魂育人"的关键作用，这也是坚持政治性和学理性相统一位于"八个相统一"规律之首的重要原因之一。在坚定正确的政治方向上，坚持政治性和学理性相统一对其他几对矛盾的指引主要体现在以下两个层次。其一，其他几对矛盾应符合政治性和学理性相统一的基本要求。新时代高校思政课规律的运行并不是"海市蜃楼"，而是要有明确的可以确保其规律运行的目标指向，因此需要以思想是否厚重、学理是否透彻作为重要抓手明辨政治方向，保证"八个相统一"规律中的其他几对矛盾从政治性和学理性的基本要求出发，确保"八个相统一"规律在实际中运转、落地。其二，其他几对矛盾要符合坚持政治性和学理性相统一的方向原则。"八个相统一"规律中的其他几对矛盾需要自觉地贯彻政治性和学理性所体现出的方向原则，这事关其他几对矛盾能否正常运转。此外，其他几对矛盾虽然均从不同层面点明关于新时代高校思政课发展的重要命题，但是必须找寻其他几对矛盾与政治性和学理性相结合的契合点，使坚持政治性和学理性相统一成为统领"八个相统一"规律的灵魂。

坚持政治性和学理性相统一是新时代高校思政课合理运行的"关键之匙"。由于"八个相统一"规律中包含着众多要素，因此需要在坚持政治性和学理性相统一的基础上顺藤摸瓜、找到重点、把握整体、通盘考虑，首先，要以坚持政治性和学理性相统一保障"八个相统一"规律在运行目标上的整体性。"八个相统一"规律引导下的新时代高校思政课的运行目标并不是单一的，它是由新时代高校思政课在实践过程中展开的一系列具体目标组合而成的。在制定新时代高校思政课运行目标的过程中，要以坚持政治性和学理性相统一为原则找准新时代高校思政课的基本属性和基本目标，确保新时代高校思政课的目标系统、体系完整，为其他几对矛盾提供全方位的保障。其次，要以坚持政治性和学理性相统一为重要参考指导新时代高校思政课的运行管理。运行管理目标的制定要充分考虑到系统运行中各个环节的内部需求和外部环境，将政治性和学理性作为运行管理环节的关键点，指导其他几对矛盾在不同领域发挥作用。最后，要将坚持政治性和学理性相统一置于人才培养的整体过程中。坚持政治性和学理性相统一在思想道德层面以及理论体系层面不仅为其他几对矛盾提出了要求，同时指出了人才培养的关键点，只有同时具备了优秀的思想道德素质以及掌握了科学的理论体系才能承担起社会主义事业建设者和接班人的光荣使命。所以，要以政治性和学理性为牵头，使其他几对矛盾与坚持政治性和学理相统一反映的人才培养目标相适应，使"八个相统一"规律在人才培养中同向而行。综上所述，要在坚持政治性和学理性相统一的原则下为"八个相统一"规律中其他的子系统提供理论解析、奠定正确的政治方向、提供运行原则。

## 三、展现马克思主义教育的本质特色

价值性和知识性是新时代高校思政课的双重属性，一方面，新时代高校思政课通过知识传授引导大学生掌握知识技能，在知识和技能融会贯通中以党的科学理论赢得青年大学生拥护党的领导；另一方面，新时代高校思政课要引导青年大学生坚定树立马克思主义立场和共产主义信仰。新时代高校思政课是加强和巩固马克思主义教育在高校意识形态中的指导地位的主要阵地，因此新时代高校思政课需要把握马克思主义教育的本质特色，而坚持价值性和知识性相统一则充分反映了马克思主义教育具备价值引导和理论传递的本质特色。

　　价值性彰显新时代高校思政课的独特属性。思想政治工作一直是通过社会主流意识形态的传播，达到统一思想、团结力量的效果，共同为中心工作服务。思想政治教育学的根本属性是社会主导意识形态的灌输和教化。[①] 新时代高校思政课与其他学科的突出不同就体现在其价值引导的独特属性上，新时代高校思政课具有引领青年大学生朝着国家需要、社会认可的主流方向不断努力的责任使命。具体来看，新时代高校思政课的价值性集中体现在其教学目标、教学功能和教学过程中。从教学目的上讲，新时代高校思政课是高校思想政治工作的重要子系统，它承担着把主流意识形态传递到青年大学生身上的任务。新时代高校思政课的价值性要求高校思政课明确马克思主义科学信仰，掌握科学的价值通用标准，提高价值深度分析、价值和意义判断和价值选择能力，在传导社会主流意识形态中增强当代大学生对党的信任和认同。从教学功能来看，新时代高校思政课的价值性承载了思想政治教育的个体性功能以及社会性功能，不仅要提升个人的认知能力和实践水平，而且要提升社会的前进动力和整体水平。因此，新时代高校思政课价值性所蕴含的引航导向、约束规范、激发鼓励的内在价值导向对于个人和社会的发展具有重要的牵引作用。有了马克思主义科学信仰的引领，新时代高校思政课充分发挥思想引导的作用，以党的科学理论赢得青年，并且保证社会主流意识形态的正确和稳定。从教学过程来看，新时代高校思政课的价值体现在教育者与受教育者的共同合作参与和互动过程中。在正确价值引导的影响下，通过教育者坚持不懈、循序渐进的教育和引导，受教育者会产生日积月累、循序渐

---

① 陈万柏，张耀灿.思想政治教育学原理：第三版［M］.北京：高等教育出版社，2015：53.

进的适应和改变。在新时代高校思政课教学过程中，教师通过讲授马克思主义基本原理和党的理论成果的思想精华，展示党以马克思主义理论为指导开展的生动实践，引导大学生领会党的理论成果的科学性和正确性，推动党的理论成果深入人心，从而增强大学生对党的信任的价值引导。

知识性反映新时代高校思政课的学科属性。作为一门理论学科，新时代高校思政课的基本功能是传递知识、传承文化，因此积累和涵养丰富的知识，是新时代高校思政课最基本、最基础的需求。新时代高校思政课以科学系统的知识为基础，以理论与实践结合的知识传授为方法，以知识积累传承为目标方向，作为一门公共必修课，以四门课程为主要依托，引领价值取向、巩固理想信念。具体而言，"原理课"为大学生呈现了一个科学、系统、完整的马克思主义知识体系，帮助大学生从整体上把握和理解马克思主义的理论精华，摸清马克思主义关于自然、人类社会、人类思想的规律，掌握马克思主义和其方法论的知识体系。"概论课"是中国共产党根据中国革命、建设、改革的具体实践，运用马克思主义的基本原理，建立的一套科学的理论体系，在历史发展进程中领略党的思想精髓。"纲要课"重点讲授中华民族近代以来为实现民族独立、人民解放、民族繁荣和民族复兴而坚持不渝奋斗的历史。"基础课"以爱国主义、理想信念、中国精神为内容对大学生进行道德与法治相关基础知识的普及和讲解。

坚持价值性和知识性相统一要辩证地处理好两者的关系。作为新时代高校思政课教学不可或缺的两个关键部分，价值教育和知识教育相结合符合新时代高校思政课铸魂育人的初心，也反映了对教学活动的本源坚守。坚持价值性和知识性相统一要充分发挥价值教育和知识教育各自的特点及优势，将二者在实践过程中紧密结合，最大限度地发挥教育效果。一方面，要德育为先，将价值引领寓于知识传授中。"对全体社会成员进行思想道德教育，努力提高全民族的思想道德素质和科学文化素质，是从思想和精神生活方面促进人的全面发展的重要内容。"① 充分发挥新时代高校思政课的价值功能，要以价值教育引领知识教育，在大学生的思想和精神生活方面充分发挥引导、示范、教育作用，基于理论、历史、实践知识引导大学生树立正确的理想信念、正确的价值观念，促进大学生德智体美劳全面发展的育人目标的实现。另一方面，要以知启智，着重发挥知识传授的作用。新时代高校思政课在发掘、运用、阐释马克思主义理论知识的过程中填补大学生在知识层面的未知状态，并通过自身知识体系的科学性和系统性赢得大学生们的关注，促使大学生在知识层面获得提升，也在此过程中使大学生知晓新时代高校思政课的知识魅力并不断坚定其理论自信。综上所述，如果只进行知识教育或价值教育，新时代高校思政课都无法真正体现其课程特色。片面地只偏重某一方面，就如同调味料与菜肴无法融合，我们就无法感受到菜肴的"色、香、味"。因此，只有坚持知识教育与价值教育相结合，充分发挥知识性与价值性相互促进的作用，将价值引导寓于知识传授中，才能实现"呼吸"和"氧气"的结合，使大学生能够理解与接受新时代高校思政课的学科属性、课程设计的目标要求、教学内容的多种内涵等，这对于提升新时代高校思政课教育的实效性具有重要意义。

---

① 陈先达．唯物史观视野中的"以人为本"［J］．中国人民大学学报，2004（4）：1-8.

## 四、反映新时代高校思政课的价值取向

新时代高校思政课在其教学目标、课程内容、教学过程中均表现出价值性和知识性的双重属性。从坚持价值性和知识性相统一和"八个相统一"规律的其他几对矛盾关系来说，它从新时代高校思政课的课程价值导向层面为提升新时代高校思政课的实效性提供了指导。

首先，坚持价值性和知识性相统一，牢牢把握"八个相统一"规律引导下的新时代高校思政课人才培养的核心点。人才培养离不开知识教育，更离不开价值教育，"八个相统一"规律把握住这一总体原则，通过价值性、知识性锚定人才培养的核心点。一方面，新时代高校思政课通过知识传授和智力培育引导大学生系统地学习科学文化知识，在知识的未知层面开发大学生的智力天赋，使大学生在知识传授和智力培育的双重加持中成为掌握现代科学文化知识的专业型人才，并且具备终生学习的理念和能力。另一方面，新时代高校思政课也同样注重知识传授背后所蕴含的价值取向，这些价值取向对于大学生的成长发展发挥着至关重要的作用。坚持价值性和知识性相统一对于"八个相统一"规律中的其他几对矛盾来说在人才培养层面具有鲜明的指向性，将加强思想道德修养和学习科学文化知识紧密结合起来，在知识传授和智力培育的过程中注重对大学生价值观的教育和引导。新时代高校思政课坚持价值性和知识性相统一更加凸显理论知识的科学性和鲜明的价值倾向，要在两者结合的基础上强化价值引导，最终目的是使大学生树立正确的世界观、人生观和价值观。总之，在"八个相统一"规律的引领下，新时代高校思政课要在人才培养中将知识传授和价值导向紧密结合起来。

其次，坚持价值性和知识性相统一，为"八个相统一"规律引导

下的新时代高校思政课树立开放的工作视野和格局。坚持价值性和知识性相统一蕴含的新时代高校思政课的工作理念、工作布局等对于"八个相统一"规律中的其他几对矛盾具有提醒、示范的作用。坚持价值性和知识性相统一充分体现出具有中国风格、中国特色、中国情怀的新时代高校思政课发展格局。具体来说,主要在以下三个方面有所体现。第一,坚持价值性和知识性相统一明确了新时代高校思政课对大学生知识涵养的关注。坚持价值性和知识性相统一要求新时代高校思政课通过理论传授不仅要解决大学生的思想问题、理论问题,也要解决其实践问题,在知识的交叉与交融中帮助大学生积累和涵养丰富的知识,不仅通过传授政治知识、道德知识和法治知识提升大学生的知识素养,同时也在引导大学生将习得知识触类旁通。第二,坚持价值性和知识性相统一反映了新时代高校思政课对大学生道德浸润的关切。坚持价值性和知识性相统一引导新时代高校思政课要更加关注大学生身心发展各方面的状况,不仅在知识方面注重对大学生们的提升,而且也注重完善他们的道德品质,提升他们的个人修养,引导他们努力追求更高的人生目标。第三,坚持价值性和知识性相统一提升对于大学生综合素质的期望。坚持价值性和知识性相统一的最终旨归是提升大学生的综合能力,并助其全面发展,这与新时代高校思政课的培养目标有着共通之处,反映出对于人才培养目标的共同思考。

最后,坚持价值性和知识性相统一,提升"八个相统一"规律引导下的新时代高校思政课教学实效。坚持价值性与知识性相统一,是基于新时代高校思政课的课程性质和多维教学目标的重要决策。坚持价值性和知识性相统一对"八个相统一"规律中的其他几对矛盾进行了指导。新时代高校思政课教学实效的提升主要体现在课程教学目标是否实现、教师职责使命是否履行、大学生需求期待是否满足。在课程教学目标层面,知识获得以及价值引领是构建起课程教学目标的关键要求。知识目标、能力目标和情感态度价值目标决定了新时代高校思政课的教学目标体系,其中情感态度价值观是新时代高校思政课区别于其他课程的特征。就教师职责使命来看,知识获得和价值引领指导新时代高校思政课教师在对大学生进行理论引领的同时,帮助其认识、理解并内化新时代高校思政课的价值观念,使大学生在思想和行为上实现从未知状态到已知状态的转变。就大学生需求期待来看,知识获得和价值引领是大学生成长发展需求的突出体现,大学生群体既需要通过新时代高校思政课掌握马克思主义的科学理论体系,也需要通过新时代高校思政课明晰他们的时代责任使命和历史责任,鼓励他们心怀理想并赋予他们为之努力的决心和能力。

## 第二节 坚持人全面发展的价值指向

"八个相统一"规律从课程要求、学科属性的层面提升新时代高校思政课的教学实效。作为落实立德树人根本任务的关键课程,新时代高校思政课致力于培养既具有马克思主义理论素养,又具有创新发展实践能力的能担当民族复兴大任的全面发展的有用人才。从"八个相统一"规律的内部构成来看,坚持建设性和批判性相统一、坚持理论性和实践性相统一反映出新时代高校思政课在价值论层面的要求,将青年大学生的思想素质、政治素质、道德素质视为人才培养的重要方面,关乎世界观、人生观、价值观等本源问题,满足青年大学生成长发展需求和期待,培养青年大学生创新思维和批判思维,在凸显自身理论魅力的同时不断彰显马克思主义理论的时代感召力。从"八个相统一"规律的内部关系来看,坚持建设性和批判性相统一、坚持理论性和实践性相统一与其他几对矛盾各具特色,在充分发挥自身优越性的同时彼此组合、相辅相成。具体来说,坚持建设性和批判性相统一强化意识形态领域的指导,坚持理论性和实践性相统一是把握新时代高校思政课基本规律的重要抓手。

## 一、彰显新时代高校思政课的育人要求

新时代高校思政课通过课堂教学引导青年大学生学习和掌握系统、全面的马克思主义理论和教育,在大学生的头脑中引导其关注、认可、理解党和国家的政策、方针以及路线,并对其进行爱国主义和革命传统教育,是高校进行科学的社会主义意识形态教育的主要方式。习近平强调:"要坚持建设性和批判性相统一,传导主流意识形态,直面各种错误观点和思潮。"①这不仅符合马克思主义指导下新时代高校思政课的基本要求,而且对于巩固学校的思想意识领域的安全、培养担当民族复兴大任的时代新人、激发新时代高校思政课改革创新的内在动力具有重要意义。坚持建设性和批判性相统一符合马克思主义永恒发展的观点,是建立在辩证否定观的基础之上的。坚持建设性和批判性相统一肯定了发展是前进的、永恒的、上升的运动,并且遵循了辩证否定观的实质,即否定是事物发展的重要环节,它承载着旧事物向新事

---

① 习近平主持召开学校思想政治理论课教师座谈会强调 用新时代中国特色社会主义思想铸魂育人 贯彻党的教育方针落实立德树人根本任务［N］. 人民日报,2019-03-19（1）.

物的转变，只有经过否定，旧事物才能向新事物转变。新旧事物的连接点就在于否定性，这也反映了辩证否定的实质是"扬弃"，即新事物是在批判、继承、发展旧事物的基础上发展起来的，新事物发扬了旧事物中的积极因素也克服了旧事物中的消极因素。从这个角度来看，"建设性"是保留并发展积极因素，"批判性"是克服消极因素。

建设性要求新时代高校思政课要做好正面宣传教育，传递我国社会主义主流意识形态，引导大学生树立正确的理想信念和价值认识。一方面，新时代高校思政课要在思想层面为大学生设立不良社会思潮和错误文化渗透的"防御层"，并且以社会主义核心价值观为引领，在政治素质、社会认知和价值判断等方面给予大学生正确的导向。另一方面，面对知识体系还未健全、心智还未成熟、意志略显脆弱的大学生，新时代高校思政课需要通过正面教育宣讲等方式传导主流意识形态，提升大学生的政治鉴别力，引导他们基于事实形成判断，敢于自信地批驳谬误，拥有与隐藏在海量信息下的不良思潮和错误观点进行驳斥的信心和底气。

批判性要求新时代高校思政课提高大学生的理论认知水平和批判思维，要敢于、善于与不良社会思潮和错误观点进行斗争。新时代高校思政课要在思想上帮助大学生划清是非界限，拨开思想迷雾，获得是非鉴别力、政治判断力。一是使青年大学生清醒地认识到，敌对势力对于中国的日益强大产生了一定的嫉恨情绪，意识形态的不同决定了敌对势力的本质不会改变，隐藏于背后的图谋也不会改变。二是要不断增强青年大学生的政治鉴别力，使其具备辩证思考、独立思考的能力，学会发现、分析和解决问题。三是提升青年大学生面对不良社会思潮和错误观点思潮的"免疫力"，用社会主义核心价值观筑牢青年大学生"理想之篱",以鲜活的党史、国史浸润青年大学生的血脉,用透彻有力的理论观点武装大学生的思想。

坚持建设性与批判性的辩证统一是矛盾统一中不可分割的两部分,两者相互联系、相互补充,辩证统一于新时代高校思政课建设过程中。同时,建设性和批判性又在新时代高校思政课中发挥各自的特点和优势。"破"和"立"的辩证关系能够反映建设性和批判性之间的相互关系,从"破与立"的角度来看,"破"即"批判性","建设性"即"立";"破"并非"为破而破",而在于"不破不立"。因此,坚持建设性和批判性相统一要处理好"立"与"破"的辩证统一关系。一方面,要以"建设性"实现新时代高校思政课之"立"。新时代高校思政课只有具备强大的思想、坚定的信念才能提升青年大学生的"免疫力",所以"立"处于主导地位,即以建设性引导批判性。新时代高校思政课必须从战略高度,把加强意识形态安全作为其重要任务,要旗帜鲜明地坚定马克思主义立场,牢牢把握正确舆论导向,增强马克思主义理论及其对社会前沿问题的解释力。另一方面,要以"批判性"实现新时代高校思政课之"破"。当青年大学生具备完备的思想体系、坚定的理想信念、坚忍的意志品质等,就可以对各种思想和社会思潮进行深入分析和理性鉴别,对于一些错误的思想和观点就可以究其根本,勇敢拒绝,这也就是所谓的"破"。"破"必须建立在"立"的基础上,并且不断对"立"进行加强。所以要以批判性强化建设性,新时代高校思政课不仅要引导青年大学生始终心怀对于真、善、美的纯粹事物的向往,而且要引导青年大学生善于发现不纯粹的事物以及不纯粹的事物背后阴暗面,鼓励青年大学生在大是大非的关键问题的表态中敢说真话、不说假话、更不说"囫囵"话,在斗争的过程中不断增强青年大学生的政治判断力、政治鉴别力。

## 二、强化意识形态领域的科学指导

新时代高校思政课必须担负起对大学生进行科学的意识形态教育的重要使命。习近平强调:"能否做好意识形态工作,事关党的前途命运,事关国家长治久安,事关民族凝聚力和向心力。"[①]因此,新时代高校思政课必须做好科学的意识形态教育,在意识形态领域以坚持建设性和批判性相统一为引导,将正面宣传教育和批驳错误观点融入"八个相统一"规律引领下的新时代高校思政课建设中。具体来说,坚持建设性和批判性相统一与"八个相统一"其他几对矛盾之间的关系主要体现在以下两个方面。

一方面,坚持建设性和批判性相统一在意识形态领域引领新时代高校思政课建设"八个相统一"规律中的其他几对矛盾。坚持建设性和批判性相统一要占领高校意识形态的科学阵地,用马克思主义占据高校主流意识形态的科学指导地位,以正确的理论体系抵御部分不良社会思潮对大学生价值观的不良影响,充分注意到处于三观未成熟时期的大学生容易受到部分不良社会思潮及其错误观点的影响。更要特别注意非马克思主义的思潮会使用"投机"的心态"见缝插针"。对于"八个相统一"规律中的其他几对矛盾来说,在科学意识形态领域应以坚持建设性和批判性相统一为引领,这不仅在政治立场方面明确了要求,而且还为其他几对矛盾增强了底气和信心。首先,坚持建设性和批判性相统一为其他几对矛盾坚定了马克思主义的立场。坚持建

---

① 习近平关于全面建成小康社会论述摘编[M]. 北京:中央文献出版社,2016:103.

设性和批判性相统一在"立"上下功夫，把"立"向实、向深、向内，把最新的马克思主义理论成果推向新时代高校思政课的教材、课堂和思想领域，不断提高马克思主义意识形态在传播马克思主义理论和最新成果中的说服力、感染力、传播力和影响力。其次，坚持建设性和批判性相统一为其他几对矛盾提供了应对多元社会思潮和价值认识的鉴别力、批判力和引领力。坚持建设性和批判性相统一要采用"扬弃"的心态，既要吸取先进的科学和文化成果，又要坚决地抛弃不良的文化，在先进的科学和文化成果中选取自己真正适合、自己真正需要、自己真正接受的合理精华，在面对不良文化时练就敢于抵御的信心、勇于抵抗的能力、善于抵挡的技巧。再次，在坚持建设性和批判性相统一的引领下，"八个相统一"规律引导下的新时代高校思政课深化了青年大学生对理论的认知，将科学社会主义理论体系熟记于心，并努力使其成为外在行为的显现。同时坚持建设性和批判性相统一在青年学子心中将科学的主流意识形态在他们的脑海中树立起来，形成正确、健康、积极、向阳的正确向导，使之能够以深刻的见解、透彻的思想、质朴的语言巩固社会主义意识形态的话语权，达到去伪存真、越辩越明的最终效果。最后，坚持建设性和批判性相统一是引导"八个相统一"规律中其他几对矛盾具备敏锐前沿意识的重要抓手。理论前沿、历史纵深、网络空间、数字格局和社会热点等方向上存在的敌对势力的渗透破坏需要高度警惕，高度敏锐的科学前沿意识是击退各种不良社会思潮和错误观念的重要护身符。新时代高校思政课坚持建设性和批评性相统一，就是要明确坚持马克思主义立场，敢于亮剑，敢于并善于与错误思想观念斗争到底。

另一方面，坚持建设性和批判性相统一是"八个相统一"规律在思想政治教育过程中的要求，与其他几对矛盾共同作用，成为促进个人思想品德形成的重要助推器。思想品德的形成过程是指人们的思想政治方面、道德方面的认识、情感、行为，从简单到复杂，从低级到高级，从量变到质变的矛盾运动过程。①"八个相统一"中的每对矛盾都针对着思想政治教育运行的不同环节，坚持建设性与批判性统一所包含的"立"与"破"的辩证统一，与个人思想品德形成的过程有着高度的契合性。坚持建设性和批判性相统一要从正确的价值导向、拥有批判思维和辨别能力是个人思想品德形成的关键要素着手。其一，坚持建设性和批判性相统一为个人思想品德的形成提供正确价值导向的科学引领。坚持建设性与批评性的统一引导新时代高校思政课不断加强政治指导和巩固马克思主义的地位，坚持马克思主义在意识形态领域的科学主导地位，在多元思想文化的交锋中统一思想凝聚共识。其二，坚持建设性和批判性相统一有助于培养青年大学生的批判思维和辨别能力。批判思维和辨别能力中蕴含的多角度思考、分析、判断等恰好是个人思想品德经历形成的必经阶段，在这个阶段中会遇到一些平时未曾想过、平日未曾见过的情景，有些甚至会颠覆一些正常的认知逻辑，因此这就更需要在面对一些劣质的错误观念和思想观点时保持思维的独立性，形成正确的判断。坚持建设性和批判性相统一能够引导青年大学生始终坚持独立的思考，这可以在个人思想品德的形成中避免不良社会思潮和腐朽思想的冲击和侵袭，从而提高政治判断力，在理解、分析、归纳中把握其本质，使其真正走进人的心灵，为青年学子思想品德的塑造提供保障。

---

① 陈万柏，张耀灿 . 思想政治教育学原理［M］. 2版 . 北京：高等教育出版社，2007：123.

### 三、体现新时代高校思政课的学科使命

新时代高校思政课应注重理论与实践相结合，培养具有理论素养和创新实践发展能力的祖国和社会所需要的多方面、多技能、宽口径的能够担当民族复兴大任的社会主义建设者和接班人。在新时代高校思政课中坚持理论性和实践性相统一有助于促进青年大学生知行合一，深刻把握其学科使命。

新时代高校思政课的理论性决定了它必须突出自身的理论魅力和思想力量。新时代高校思政课具备科学、系统的理论体系、逻辑架构、学理建构、研究方法等，其蕴含的理论底蕴是新时代高校思政课被称之为"理论课"的重要原因。与其他理论学科有所不同的是，马克思主义理论体系奠定了新时代高校思政课的理论底色，这体现在马克思主义理论学科的设立既为新时代高校思政课提供了理论支撑，同时也在新时代高校思政课的实践中不断深化着马克思主义的理论品质。新时代高校思政课关乎世界观、人生观、价值观等本源问题，必须以理论为基础，彰显思想的力量。新时代高校思政课的理论性主要体现在两个方面。一方面，新时代高校思政课以马克思主义为基石。马克思主义及其下属的二级学科是马克思主义理论的学科体现，也贯穿于思想政治教育的理论架构和研究方向，而思想政治教育的理论架构以及研究方向对新时代高校思政课的理论支撑十分明显。具体来看，马克思主义哲学、马克思主义政治经济学、马克思主义发展史等马克思主义理论的相关学科，均是新时代高校思政课得以良性运转的重要理论借鉴。通过新时代高校思政课的理论教育，引导大学生全方位准确地理解马克思主义的科学体系，自觉为中国特色社会主义现代化建设和

中华民族伟大复兴贡献力量。另一方面,新时代高校思政课以马克思主义理论及其中国化的理论创新成果为基础,要持续不断地在教材、课堂和思想中推广马克思主义中国化的最新理论成果。具体来看,新时代高校思政课的课程体系以内的"马克思主义基本原理""毛泽东思想和中国特色社会主义理论体系概论""中国近现代史纲要""思想道德修养与法律基础"等课程从不同的角度帮助大学生掌握中国特色社会主义理论的科学体系和基本观点,并从多个方面对大学生学会运用中国特色社会主义思想的科学体系和基本观点进行分析、研究和解决。

新时代高校思政课的实践性是马克思主义实践观在新时代高校思政课教学中的具体化。马克思主义实践观作为马克思主义哲学的重要观点,为新时代高校思政课的实践提供了理论依据。新时代高校思政课是与人的思想和行为发展有关的教学实践活动,其课程的本意是立足现实、关心现实、内化观念、外化行为,体现出鲜明的实践取向。新时代高校思政课的实践性着眼于大学生们利用马克思主义立场观点方法来分析和解决实际问题的能力培养,在注重知识传授的同时,强调对实践行为的指导。新时代高校思政课的实践性决定了其具有较强的实践可操作性以及广泛的实践适用性。新时代高校思政课的实践可操作性体现在,在课程设计、教学安排、教学进行等过程中充分发掘实践的力量,不断完善新时代高校思政课的载体、方式、方法、内容等,在新时代高校思政课的实际运行中凸显实践的力量。新时代高校思政课的实践适用性体现在,实践性作为新时代高校思政课的重要规律,适用于多种具体的育人场域。尤其是在新时代高校思政课的实践性教学中,可以充分挖掘其实践资源,拓展其内涵,不断丰富包含如专题辩论、制作演示等的课堂实践教学,如知识竞赛、课外阅读等的校园实践教学，如社会调研、志愿服务等相关的社会实践。

新时代高校思政课坚持理论性和实践性的辩证统一，两者是不可分割的，两者互为支撑、互相促进、和谐发展。科学理论的形成需要有现实的导向，在新时代高校思想政治理论课教学实践中坚持理论性和实践性相统一，就会形成一种现实的责任感，即用科学的理论指导实践为新时代高校思政课的创新发展提供原动力，使新时代高校思政课更好地实现内化思想、外化实践的目标。一方面，新时代高校思政课的理论性来源于其实践性，并对其实践性具有指导作用；而新时代高校思政课的实践性也可以验证其理论性，对其理论性具有强化作用。科学理论的形成必须经过实践的检验，经过实践检验的理论又可以指导实践，实践的探索使理论逐渐形成、完善，反过来对理论具有正向的强化作用。另一方面，新时代高校思政课的理论性中包含着其实践性，新时代高校思政课的实践性中也包含着理论性，两者是密不可分的。唯有具有现实指向的理论研究才是具有开创性指导意义的，新时代高校思政课的理论性和实践性是"你中有我，我中有你"的，新时代高校思政课必须在理论研究的基础上以其重点、难点的实践问题作为"指挥棒"和"风向标"。一旦片面强调新时代高校思政课的理论性，忽视其实践性，就会使新时代高校思政课产生照本宣科、枯燥乏味等问题，会触发大学生对新时代高校思政课的抵触情绪；假如片面强调新时代高校思政课的实践性，忽视其理论性，也会产生形大于实、知行脱节的现象，大学生也会因此缺乏学理思维。因此，新时代高校思政课必须将理论与实践相结合，使之相互契合，以满足大学生对知识的向往和对实践的渴求。

## 四、凝练新时代高校思政课的发展规律

新时代高校思政课的基本规律是新时代高校思政课普遍存在并贯穿其发展过程的始终内在的、本质的、必然的联系,是对新时代高校思政课本质属性最根本的反映。"八个相统一"规律是对新时代高校思政课基本规律的集中概括,较为系统、全面地概括了新时代高校思政课基本规律的内核。坚持理论性和实践性相统一作为"八个相统一"规律中的具体内容与原则,在其中扮演着把握新时代高校思政课基本规律重要抓手的角色。"八个相统一"规律从新时代高校思政课建设的理论性和实践性出发,将其作为认识新时代高校思政课基本矛盾的重要抓手,不仅提供了新的观察视角,也丰富了对新时代高校思政课的课程价值论的全面认识。

其一,坚持理论性和实践性相统一深化了"八个相统一"规律中其他几对矛盾对课程价值论层面的认知。对于"八个相统一"规律中的其他几对矛盾来说,坚持理论性和实践性相统一,以青年大学生的成长发展需求与期待为着眼点深化对课程价值论层面的认识,不是简单地迎合教育对象,而是关注其全面、可持续、协调的发展,明确新时代高校思政课与大学生成长发展的需要相结合。一方面,坚持理论性和实践性相统一有助于进一步了解当代大学生的成长特点。当代大学生更倾向于得到额外的关注,以获得内心上的满足,从而更容易与教师和课堂增强亲近感。同时他们呈现出需求种类更加多元、需求层次有所提升的倾向,在坚持把握理论性和实践性原则的基础上,要多层次、多角度、全方位地了解当前大学生的多方位成才需要,并对其进行归纳和概括,以保证大学生好的成长与发展,使其未来走向社会

和跨入下一人生阶段的核心素养得到锻炼。另一方面，坚持理论性和实践性相统一着眼于大学生的成长和发展需要。坚持理论性和实践性相统一，有助于深刻认识新时代高校思政课的课程价值层面与青年大学生成长发展需要的同构性，准确把握和有效运用新时代高校思政课与青年大学生成长发展需要的结合点，增强青年大学生对新时代高校思政课的信任和理解。

其二，坚持理论性和实践性相统一为"八个相统一"规律中其他几对矛盾提供了运行策略。新时代高校思政课的教育者与受教育者、受教育者与教育内容之间存在着客观矛盾，解决这些矛盾的一个重要渠道是将理论与实践高度融合，变被动为主动。坚持理论性和实践性相统一，通过解答大学生关于学业、生活、感情等实际问题的思想困惑，为他们提出相应的富有经验的解决方案，事实上是推动大学生内在地接受新时代高校思政课的教育效果，不断提升受教育者的获得感与参与度。理论的概括性、抽象性需要实践的生动性、具象性予以"中和"，才能彰显出理论的真实感、透彻感。坚持理论性和实践性相统一引导新时代高校思政课在运行的全过程中减少理论的"缥缈感"，增强理论的真实感，有效消除大学生初遇深奥理论的局促与不安。坚持理论性和实践性相统一是将复杂问题进行解构、剖析，有助于在理论向度和实践向度中加强教学中的亲切感，也有助于赋予新时代高校思政课的课堂教学以鲜明的时代性、生动性，使新时代高校思政课也在与时俱进的过程中逐渐与大学生更加亲近，和大学生产生频繁的互动，为大学生在成长成才的不同阶段提供经验。总之，坚持理论性和实践性相统一对于"八个相统一"规律中的其他几对矛盾来说，提供了把握课程价值层面的模板和路径，使其他几对矛盾可以在自己擅长的领域充分发挥其长处。

其三,坚持理论性和实践性相统一为"八个相统一"规律中其他几对矛盾提供了内在规律的检验标准。从总体上看,坚持理论性和实践性相统一为新时代高校思政课教育规律提供了总体的检验标准,即教育规律需要在实践中加以检验。新时代高校思政课始终坚持实践第一的观点,并强调理论与实践相结合。在新时代高校思政课的实践育人中要搞好其理论教学,同时要注重结合理论教学开展丰富多彩的教学实践活动。"八个相统一"规律将理论性和实践性统合起来,实际上也是促进青年大学生知行合一的过程。从微观上看,促进青年大学生知行合一不仅是新时代高校思政课的题中应有之义,也是"八个相统一"规律运行的检验标准之一。理论与实践对应着青年大学生的"知"与"行",青年大学生的知行合一引导与检验新时代高校思政课的运行方向。如果将两者分开,知而不行、行而不知均会落入言行不一、表里不符,最终就会在新时代高校思政课的课程建设和人才培养中迷失方向。综上所述,坚持理论性和实践性相统一引导新时代高校思政课将现实的鲜活赋予抽象的理论,使大学生为鲜活的实践所吸引进而深究其理论,产生主动研习理论的良性逻辑,也要将理论知识的吸引力与实践的现实诉求紧密结合,进而实现青年大学生知行统一。


## 第三节　关切教育对象成长发展需求

坚持统一性和多样性相统一、坚持主导性和主体性相统一从本质上说是"八个相统一"规律对新时代高校思政课对象论的系统思考。一方面,坚持统一性和多样性相统一以新时代高校思政课的基本要求为出发点。新时代高校思政课建设和发展既需要统一的标准和要求,同时也需要在不同情况、不同层次解决问题的方法。因此,坚持统一性和多样性相统一有助于引导新时代高校思政课在做好"既定动作"的同时选好"自选动作",不断增强新时代高校思政课的针对性和实效性。另一方面,坚持主导性和主体性相统一体现出新时代高校思政课教与学的逻辑关系,主体性与主导性的有机结合是以教育对象的根本需求为起点,同时也是处理新时代高校师生关系的重要原则。因此,坚持统一性和多样性相统一、坚持主导性和主体性相统一从关切教育对象成长发展需求的层面积极推进新时代高校思政课的建设和发展。

## 一、反映新时代高校思政课守正创新的基本要求

新时代高校思政课只有在守正的基础上积极地创新,方可持续地增强其思想性、理论性、亲和力和针对性。新时代高校思政课在实践发展的过程中,随着教育环境和教育载体的变化,教育对象也呈现出新的特点,所以,要促进新时代高校思政课的"守正""创新"。守正即坚守新时代高校思政课的本质与核心,唯有保持初心才能行稳致远;创新就是发掘新时代高校思政课的发展动力和源泉,唯有增强活力才能焕发生机。统一性和多样性是事物发展的规律,统一性强调的是内在的、统一的标准和尺度,多样性强调的是依据不同情况来解决问题的不同方式。坚持统一性和多样性相统一是新时代高校思政课守正创新的根本要求,有助于激发新时代高校思政课教师和青年大学生参与新时代高校思政课改革创新的积极性和主动性。其中,统一性对应的

是新时代高校思政课的守正，即要对新时代高校思政课的内涵、内容、环节等提出明确的要求，保证其发展的正确方向。多样性对应的是新时代高校思政课的创新，即新时代高校思政课要在统一的硬性要求下，依据不同条件、不同情况等选择适宜的方法。

新时代高校思政课的统一性为其守正创新赋予了明确的内涵。新时代高校思政课要以教学目标总体要求为基准，在新时代高校思政课的实际教学中根据各门学科的特点，找准各门课程的具体教学目标，找到符合发展的合理运行体系。具体来看，新时代高校思政课统一性的实现需要依托教材使用以及教学管理。从教材使用统一性的角度来看，应将推进统编教材编写工作使用作为主要任务之一，也要围绕统编教材的编写使配套教材和教学资源与之齐头并进，充分发挥统编教材之外的配套教材和教学资源的充实、辅助作用。新时代高校思政课要坚持教材的统一编写和统一使用，使新时代高校思政课的教学体系进入正向循环，发挥正确的导向性以及权威性作用。从教学管理的统一性来看，新时代高校思政课的教学管理需要统一地管好、管实、管细、管到位，必须切实加强党对新时代高校思政课的统一领导，这不仅是新时代高校思政课建设和发展过程中正确的经验总结，而且是提升新时代高校思政课教学质量的重要保障和现实举措。

新时代高校思政课的多样性为其提供了源源不断的活力源泉。新时代高校思政课在守正创新的过程中要做到因地制宜、因时制宜、因材施教。新时代高校思政课要的因地制宜就是要根据不同地区的具体情况，采用适宜的办法，充分挖掘各区域新时代高校思政课的特色资源，不同地区的自然资源、文化资源、历史资源、人文资源等对新时代高校思政课教学内容的丰富、教学空间的拓展、教学方法的完善等大有裨益。新时代高校思政课的因时制宜就是依据不同时期的情况和要求，采用具体问题具体分析的办法，承担起新时代赋予高校思政课的新使命和新任务。新时代高校思政课的发展历程已经证明，推动新时代高校思政课改革创新必须依据不同时期高校思政课建设的具体情况，参考不同时期党和国家对高校思政课的具体要求，在新时代就是要把习近平新时代中国特色社会主义思想全面推广到教材、课堂和大学生头脑中，使这一系统、完备的思想逻辑为大学生们所理解和使用，使新时代高校思政课在改进中不断加强。新时代高校思政课的因材施教即充分考虑大学生的理解水平、思维特征、偏好习惯，充分考虑大学生的性格特点和思想差异，通过多种途径、形式了解大学生不同个体的实际情况，归纳总结不同个体的差异化需求，针对不同的大学生个体采取有针对性和系统性的教学。

　　统一性和多样性是相互联系、辩证统一的。两者相互关联、相互区分、相辅相成、相互促进。一方面，新时代高校思政课的统一性寓于多样性的过程中，统一性要求在多样性中体现出价值，如果没有多样性的支撑，统一性就会陷入僵化、刻板、呆滞的桎梏；另一方面，新时代高校思政课的多样性是统一性的重要延伸。统一性是多样性的基础，只有在完成了统一的要求后，才能将多样的可能充分展示。多样性是统一性的归宿，在统一规定下的多样能显现出更蓬勃的生机与更强的活力，也更能诠释欣欣向荣的真谛。综上所述，新时代高校思政课要处理好统一性和多样性矛盾的对立统一，积极创造条件促使两者有机转化，这是推动新时代高校思政课健康、平稳、有活力运行的必然选择，也是提高其亲和力、实效性的重要力量。

## 二、遵循新时代高校思政课改革创新的基本原则

新时代高校思政课坚持统一性和多样性相统一有助于增强新时代高校思政课的针对性和实效性，也有利于进一步引导新时代高校思政课改革创新。坚持统一性和多样性相统一中蕴含的以大学生为本、把握时代脉搏、拓展战略眼光与新时代高校思政课改革创新遵循的基本原则"不谋而合"。因此，坚持统一性和多样性相统一是新时代高校思政课改革创新的"解题方程式"。

其一，坚持统一性和多样性相统一与"八个相统一"规律中其他几对矛盾均反映了以大学生为本的最终旨归。教师在新时代高校思政课中要以身作则、行为世范，要有将既定教学计划完美呈现的使命担当，将教学为己任，并与大学生保持良好的沟通交流，在实际教学活动中以大学生为本，考虑到大学生对知识的理解和反应程度，这实际上也是"八个相统一"规律引导下的新时代高校思政课必须直面的问题。坚持以大学生为本，借助统一性和多样性相统一思考新时代高校思想政治理论课教学改革，一方面，要坚持新时代高校思政课的统一性，积极响应党和国家对新时代高校思政课的要求，通过传播马克思主义及其中国化理论成果研究回答重大理论和现实问题，为新时代高校思政课奠定坚实的理论基础，在教学目标、课程内容设置、统编教材使用、师资队伍、教学管理等方面落实统一要求。另一方面，充分发扬新时代高校思政课的多样性，在遵循新时代高校思政课在课程要求、教学原则等统一性的基础上，有效利用各种资源科学选择和设定教学方式和空间，以大学生为中心积极培育形式新颖、工艺精湛、效果良好的精品新时代高校思政课，引导广大青年学子能够在形式多样的新时代高校思政课中找到自己的兴趣点和关注点，使新时代高校思

政课在广大青年学子中产生信服力和影响力。

其二，坚持统一性和多样性相统一引导"八个相统一"规律中其他几对矛盾把握了时代脉搏。新时代高校思政课要在教材体系、人才队伍、管理保障等方面要遵循统一性的要求，也要考虑到不同情况下产生的差异性，在因地制宜、因时制宜、因材施教中取得长足的进步。具体来看，坚持统一性和多样性相统一为其他几对矛盾提出的时代要求主要体现在教材体系、人才队伍、管理保障等方面。在教材体系层面，要将贯彻中央精神的统编教材与考虑实际教学需要结合起来。一方面要建设兼具思想性、科学性、可读性、统一性的统编教材、配套资源、教辅材料等，保证新时代高校思政课统一编订教材的规定性、权威性、系统性；另一方面要形成教材使用的监测与反应机制，搜集教材在使用过程中的建议与反馈，在教材内容中不断增添符合教材发展的元素。在人才队伍层面，统一性体现在要形成完整、系统的专职教师任职资格制度、专职教师任职机制、高校思政课教师培养培训制度等，不断提升新时代高校思政课教师的思想理论素质和实际业务能力；多样性体现在要以包容性的心态吸收优秀的专兼职教师充实高校思想政治理论课师资配备，建设一支专兼职结合、数量充足、质量过硬的新时代高校思政课人才队伍。在管理保障方面，应在加强组织领导的同时，始终坚持全流程管理，在人才培养、科研立项、评奖激励等方面注重实际情景，呈现出在内容策划、方法选择、队伍管理、环境熏陶等方面的不同层级划分，尽量地多涵盖新时代高校思政课的丰富内容，尽全力保障新时代高校思政课的教学计划和教学设计完美呈现。

其三，坚持统一性和多样性相统一为"八个相统一"规律中其他几对矛盾拓展了战略眼光。在推动新时代高校思政课改革创新的过程中，以全局性思维统筹布局、子落棋活，要不断拓展战略眼光。坚持统一性和多样性相统一中蕴含着不同视角的战略和眼光，对于"八个相统一"规律中的其他几对矛盾具有引导作用。具体来看，一方面，坚持统一性和多样性相统一中蕴含着辩证唯物主义和历史唯物主义丰富的世界观方法论。新时代高校思政课在教学实践过程中会涉及教育主客体的矛盾、教育内容的矛盾、教育载体的矛盾、教育过程的矛盾等，需要处理好整体和部分的关系。坚持统一性和多样性相统一强调既要注重总体设计，又要抓住重点，同时还要因地、因时、因材地予以有效落实，这实质上反映了辩证唯物主义和历史唯物主义的精神内核。另一方面，坚持统一性和多样性相统一蕴含着深刻的辩证思维。无论是新时代高校思政课的统一性还是多样性，必须相互补充、相互促进，而不是互相冲突、彼此脱节。处理好新时代高校思政课的统一性和多样性充分反映出辩证思维的实际运用能力，具体来看，新时代高校思政课要实现由统一性向多样性的有机转化，在依据不同情况考虑的基础上也要有计划、有组织地统一落实新时代高校思政课的统一要求，持续不断增强新时代高校思政课的思想深度和理论价值。

## 三、体现新时代高校思政课教学相长的逻辑关系

在新时代高校思政课的实践教学中，坚持主导性和主体性相统一反映了新时代高校思政课教育者与受教育者之间合作对话、双向互动的科学内涵。具体来看，教师作为教育者发挥着主导作用，大学生作为受教育者实际上是教学活动的主体，其主体性体现在大学生在教学活动中呈现出自我选择、自我探索、自我建构和自我创造。因此，坚

持主导性和主体性相统一在探索新时代高校思政课教与学的逻辑关系的基础上把握了教育者与教育对象的互动关系，这对于深刻理解教与学的逻辑关系具有重要意义。

新时代高校思政课的主导性体现在教师对大学生全方位、多维度、宽领域的主导。新时代高校思政课教师在新时代高校思政课教学活动中居于主导地位是由其职责和地位决定的，新时代高校思政课教师是新时代高校思政课的组织设计者、内容推进者、实施执行者。因此，新时代高校思政课教师对大学生是全方位、多维度、宽领域的主导。具体来看，首先，新时代高校思政课教师的主导性是全方位的主导，主要体现在其主导性作用的场域上。新时代高校思政课教师的主导性不应只局限于课堂之上，而应该向大学生关注的、活跃的、向往的育人场域"下沉"，将新时代高校思政课教师的主导性应用到日常高校思政课教育阵地中。在"大思政"格局下，新时代高校思政课教师主导性作用的空间建构不断拓展，由于党团组织、社团、班级等对大学生思想和行为的影响愈加明显，所以新时代高校思政课教师主导性作用的场域要不断实现由课上到课下的拓展。同时，随着大数据的不断升级发展，网络教学模式也已成为课堂教学的有益补充，新时代高校思政课教师主导性作用场域也要实现线上的拓展。其次，新时代高校思政课教师的主导性是多维度的主导。新时代高校思政课教师主导性的多维度体现在知识传授、思想教育、道德教育、能力培养、信仰培养等几个方面，它们彼此之间相互配合、相互融合，共同统一于新时代高校思政课的教学实践中。在知识传授方面，新时代高校思政课教师通过对知识的阐释和讲解引导大学生系统研究、学习马克思主义理论；在思想教育方面，新时代高校思政课教师给予大学生思想启蒙教育，为大学生成长奠定了科学的思想理论基础；在道德教育方面，新时代高校思政课教师利用社会主义核心价值观引导大学生逐步建立马克思主义道德观，养成社会主义道德；在能力培养方面，新时代高校思政课教师凭借马克思主义的立场、观点、方法等培养大学生认识问题和分析问题的能力；在信仰培养方面，新时代高校思政课教师使大学生坚定信仰马克思主义、坚定社会主义信仰，不断提高对党和政府的信心。最后，新时代高校思政课教师的主导性是宽领域的主导。在新时代高校思政课的实际教学中对教材的精彩解读，以及精心编排、设计教学，都与教师的知识积累、教学方法、人格魅力、思想水平、话语体系等因素有关，因此新时代高校思政课教师需要在这些不同的领域中体现出主导性。特别是要提升科研能力，科研能力的提升实质上代表了多种能力的集合，其中包括教学组织、投入程度、教学调研、教学研究、教学实践等各个环节，是复合型能力的提升。在宽领域内形成对教师能力的提升，有助于对整个队伍的教学、科研能力进行提升，不断增强其主导性。

新时代高校思政课的主体性反映在大学生对教学活动呈现出自我选择、自我探索、自我建构等倾向。青年大学生在新时代呈现出新的特点，我们可以从他们在学习以及社会实践的选择中了解他们对于事物的看法以及偏好，比如，在生活中，青年大学生在衣、食、住、行等生活条件得到完善的基础上，将剧本杀、密室逃脱、聚餐轰趴、野餐休闲等作为他们放松的主要娱乐方式；在社会实践中，青年大学生在参加宿舍生活、社会活动、校外实习锻炼等时更加凸显出明显的主体性需求，他们对于在实践中是否被平等对待显得尤为关注，更加注重在社会实践中具有自主选择的权利和空间。新时代高校思政课以人为本的最终旨归决定了新时代高校思政课要充分发挥大学生主体性作用。第一,大学生在新时代高校思政课中的主体性包含着自我选择性。大学生对于课堂中知识的获取具有明确地判断和选择,他们会基于自己的认知,根据自己的需求,做出适合自己发展的自我选择。这一点在他们的学习方式中也可以体现出来,大学生的学习方式发生了变化,逐渐适应社会实践教学、网络教学,他们更倾向于凭借网络信息平台进行信息的判断、筛选与选择,进一步获取学习信息、搜寻学习资源、提升学习能力。第二,大学生在新时代高校思政课的主体性包含着自我探索性。大学生处于知识积累和人生积淀的"半成熟"状态,他们的自我探索性体现在他们对知识积累的向往以及对人生经验的追求,在这种自我探索中他们的心理反映、情感态度和行为方式等得到一定程度的发展,使他们由"半成熟"向"成熟"过渡。第三,大学生在新时代高校思政课的主体性包含着自我建构性。自我建构性是指大学生在探索、选择知识的基础上,积极建构出可以满足实践需要以及自身需求的理念或者模式,这种积极的建构可以反映出大学生的性格特点、意志品质、情感体验、思维方式等,在自我建构后他们就需要在实践中去检验他们的建构标准与建构内容。

主导性和主体性是互为促进、辩证统一的。新时代高校思政课的动态教学过程是教师主导作用与大学生主体作用双向互动的过程,所以两者实际上是和谐共生、相得益彰的。首先,要以主导性为基础,发挥教师的关键作用。新时代高校思政课教师的首要职责就是要讲好新时代高校思政课,要将立德树人作为自己教学实践的核心要义,要充分发挥好新时代高校思政课教师在实践教学中的关键作用,不仅成为人格正、人品好、有魅力的"大先生",而且成为学术精、科研硬、实践强的专业教师，同时还要给予大学生人文关怀并与之产生情感共鸣，形成教与学的良性互动，达到"乐学、乐教、乐研"的状态。其次，要以主体性为核心，充分体现对教育对象的尊重。从某种程度上讲，充分调动教育对象的主观能动性是新时代高校思政课的关键所在。在"教"与"学"关系的问题上，一旦大学生处于被动接受的状态，大学生在教育影响面前的自主选择性和能动塑造性将会"大打折扣"。因此，新时代高校思政课在实际教学中需要给予大学生一定的自由度，给予他们在学习过程中的自主性，让他们可以适当自由地选择学习的形式、方法、手段等，调动大学生的积极性。最后，主导性和主体性统一于新时代高校思政课教学的全过程。主导性和主体性等同于一枚硬币的两面，缺少任何一面都会使这枚硬币不完整。忽视主体性而单独来谈主导性，会使新时代高校思政课陷入"一言堂"的桎梏，丧失大学生的积极性和主动性；忽视主导性而单独谈主体性，看似大学生在教学过程中收获了自由度，但在实际中缺少教师对知识理论的凝练以及对思想精华的提点。所以，必须在新时代高校思政课教学全过程中坚持主导性和主体性相统一，不仅在理论层面推动新时代高校思政课教学与实践的相关深入研究，梳理新时代高校思政课在师生相处时应注意的关键脉络；而且在实践层面引导师生教学关系步入以人为本和合作对话的价值取向，把大学生从"被动接受"关系中解放出来，本质上是对新时代高校思政课教育本质和价值的回归。

## 四、处理新时代高校思政课师生关系的重要遵循

坚持主导性和主体性相统一引导正确地理解大学教师和大学生的角色。坚持主导性和主体性相统一在"八个相统一"规律中从把握新

时代高校思政课中的师生角色的角度出发，向"合作对话"的师生关系不断迸发。对于良性的师生关系来说，只有积极进行交流才能形成有效沟通，只有有效沟通才能产生长久影响，只有长久影响才会有深远传承。因此，只有形成师生关系的良好氛围以及良性互动，实现两者的相互统一，才能在新时代高校思政课的改革创新中分析和解决其他几对矛盾。坚持主导性和主体性相统一中内含着处理新时代高校师生关系的重要原则，这些重要原则对于实现"八个相统一"规律具有重要的指导作用。

首先，坚持主导性和主体性相统一蕴含着处理新时代高校思政课师生关系的合作对话原则。坚持主导性和主体性相统一所倡导的"合作对话"既包含着教育者与受教育者和谐共生的合作关系，也包含着教育者与受教育者平等融洽的对话关系，两者缺一不可，缺少任意一项都会影响新时代高校思政课的教学实效性。具体来看，坚持主导性和主体性相统一倡导的合作对话原则主要体现在以下两个方面。一方面，坚持主导性和主体性相统一引导教师从"照本宣科"中解放出来，探寻教师在新时代高校思政课教学中"别开生面"。其一，主导性强化了新时代高校思政课教师的责任意识和使命意识。新时代高校思政课教师在承担教学责任、育人使命的过程中不断强化了主导意识，新时代高校思政课教师会不断思考改进课堂教学的方式、增强与大学生课堂交流黏性的技巧、在课堂内外自尊自律争做大学生的榜样和表率。其二，主导性引导新时代高校思政课教师提升教学本领。在主导性的作用下，新时代高校思政课教师要积极应对教育对象认知的一般规律和接受突出特点的变化，主动出击，学习和利用新的课堂教学方式，在大学生可以接受的话语体系内拉近师生距离。其三，主导性有助于全面提升新时代高校思政课教师的魅力。主导性要求新时代高校思政课教师要具备足够的对大学生的吸引力，这个吸引力体现在扎实的理论功底、深厚的学科素养、坚定的意志、得体的仪容仪表、强烈的奉献精神和与大学生亦师亦友的师生关系等。新时代高校思政课教师应主动提升主导吸引力，全面提升教师的个人独特气质，做一个对大学生有积极影响的高尚的师者。另一方面，坚持主导性和主体性相统一引导大学生从"和尚撞钟"中解放出来，探求大学生在新时代高校思政课教学中"精益求精"。主体性是指从大学生的视角来设计和实施课堂。如果给予大学生以充分发挥的空间，他们也就拥有了自我教育、自我管理、自由成长的空间，有助于树立其内在的前进力和约束力。同时，主体性要求充分理解大学生，从大学生的角度服务大学生、关心大学生，并且分析大学生的思想动态、思想热点、接受规律等，也更有助于缩短大学生与教师之间、大学生与课堂之间的实际距离，使大学生真正成为新时代高校思政课的主人，不断提高大学生对新时代高校思政课的参与度和学习度。

其次，坚持主导性和主体性相统一包含着处理新时代高校思政课师生关系的整体性原则。坚持主导性和主体性相统一，必须坚持整体性原则，确保在目标清晰的基础上，抓住教师和大学生这两个关键要素，保证在目标与要素系统、完整的基础上为新时代高校思政课的开展提供全方位的保障。具体来看，一是以立德树人为目标。立德树人不仅是坚持主导性和主体性相统一的目标，也是新时代高校思政课的目标。在新时代高校思政课的实际教学中，教师需要在承担主导作用的基础上在知识传授、思想教育、道德奠基、能力培养、信念培养等方面下功夫，而大学生需要充分发挥主体性，积极配合教师组织的教学活动，不断地提升自己的道德素质以及个人修养，双方的积极正向互动使新时代高校思政课的教学活动奔赴"教"与"学"的良性关系。二是要以加强师资建设为关键。坚持主导性与主体性相统一充分强调教师在新时代高校思政课中扮演的重要角色，教师承担的主导性作用要求教师具备相应的知识水平、理论素养、教学艺术、人格魅力、为人处世、话语表述等，一定程度上体现在教师对于教材的精彩演绎程度，教学效果是否入脑入心，大学生能否真正接受教师的教学内容等。因此，要把握教师这个关键性的因素，将个人价值的实现与大学生思想政治素质的提高融合起来，增强教师在教学活动中的收获感和幸福感。三是注重对大学生内心情感世界的引导和培养。坚持主导性和主体性相统一注重激发大学生的成长体验和内生动力，特别是关注大学生丰富的内心情感世界，在充分了解大学生的思想、想法、感受、疑惑的基础上，通过合理的并且能够被大学生接受的方式真正地走入大学生的内心世界，进行针对性的指导，不断缩小社会要求与教育对象心理世界的沟通，最终达成立德树人的根本目标。

最后，坚持主导性和主体性相统一蕴藏着处理新时代高校思政课师生关系的可操作性原则。坚持主导性和主体性相统一具有较强的实践性，体现在其不仅关注了教育主体的实际情况，比如教育主体的教学能力、教学知识、教学魅力等"硬实力"的状况以及教育主体的思想道德素质、主体意识等"软实力"的情况，而且关注了教育对象的客观需求，如教育对象的成长需求、思想动态、发展期待等，确保制定的教育目标可以在尊重教育对象主体性的基础上在实践环节落地、落实、落细。坚持主导性和主体性相统一中蕴藏的新时代高校思政课师生关系的可操作性原则体现在以下两个方面。一方面，坚持主导性和主体性相统一对新时代高校思政课教师提出了更高的要求。道德情操、理论基础、学识功底、理想信仰、师德师风等均是新时代高校思政课教师为人为学的表率，因此坚持教师的主导性作用中蕴含着对提升新时代高校思政课教师综合素质的要求，蕴含着对调动新时代高校思政课教师教学积极性和主动性的要求，蕴含着提升新时代高校思政课教师科研能力等的要求。另一方面，坚持主导性和主体性相统一包含了符合大学生认知学习欲望和接受特点的教学方式方法。大学生作为新时代高校思政课的主体，应按照大学生的思想认识特点，积极探索有效的必要途径和教学方法。既要创造性地继承和发展传统教学方法，强化传统教学方法与现代教学方式的对接，进一步通过短视频、微信小程序、公众号资源等阐释思想与理论的魅力，将思想的深度与鲜活的现实结合起来，找到大学生们乐于接受的方式；又要与时俱进地推动课堂充满时代气息，针对大学生的思想和认知特点，积极探索其喜闻乐见的接受方式，要以大学生为主体、加强师生互动为重点，使课堂被氛围感与质感包围，应使课堂"朝气蓬勃"而不是"老气横秋"。

## 第四节　丰富新时代高校思政课的方法论

在"八个相统一"规律中灌输和启发、显性教育和隐性教育是在新时代高校思政课中相互对应的两种重要的教学方法论。坚持灌输性和启发性相统一、坚持显性教育和隐性教育相统一蕴含着"八个相统一"规律对于新时代高校思政课方法论层面的指导和要求。分别深入地剖析坚持灌输性和启发性相统一、坚持显性教育和隐性教育相统一的彼此辩证关系，以及每对矛盾在"八个相统一"规律中的作用，以此探寻每对矛盾在"八个相统一"规律中与其他几对矛盾的关系，对于以教学方法论层面为切入点推动新时代高校思政课创新发展具有重要作用。

## 一、继承和发展马克思主义理论教育的方法

坚持灌输性和启发性相统一有助于把握马克思主义理论教育的本质，在继承和发展马克思主义理论教育的基础上不断提升新时代高校思政课的实效性。灌输是马克思主义理论教育的重要方法，但是随着当前时代的发展以及科技的进步，大学生的主体性意识逐渐增强，这就迫使马克思主义理论教育由"外在灌输"逐渐向"内在启发"进行转化，新时代高校思政课从马克思主义理论教育的方法中得到经验和获得启发。灌输性是新时代高校思政课的功能体现，需要在时代背景下统筹考虑大学生实际，通过灌输的教育方式将科学理论传递给青年大学生；同时，新时代高校思政课还具有突出的启发性，向大学生传递马克思主义鲜明的立场、观点、方法等，帮助大学生逐渐树立独立思考的道德意识和能力，启发大学生的辩证思维，实现德智体美劳的全面发展。

新时代高校思政课的灌输性继承了马克思主义理论教育的方法，也是新时代高校思政课完成其教育目标、完善其教育内容、改进其教学方法的主要载体。新时代高校思政课的灌输性继承马克思主义理论教育的方法主要体现在以下两个方面。一方面，新时代高校思政课的灌输性遵循了马克思主义灌输论的历史演进过程。马克思主义的"灌

输论"是由马克思主义经典作家对"革命"与"工人运动"的联系进行论述而产生的。马克思、恩格斯指出:"理论一经掌握群众,也会变成物质力量。"① 列宁在《怎么办?》中指出"灌输论"是统治阶层对工人等进行思想浸润的重要理论。在中国革命、建设和改革的过程中,我们党十分重视对人民进行思想理论教育的灌输。习近平指出:"灌输是马克思主义理论教育的基本方法。"② 党和国家领导人对于灌输的认识全面、丰富,为新时代高校思政课的开展提供了方法论层面的坚实支撑。另一方面,新时代高校思政课的灌输性要始终把社会主义思想作为核心内容,把培养时代新人作为首要任务,掌握主动权和话语权,坚定道路自信、理论自信、制度自信和文化自信。既要以深厚的理论功底赢得大学生,要求大学生在言行上坚持正确的政治方向,提高政治素质和政治觉悟;也要为大学生树立正确的价值观,把社会主义核心价值观与个人道德、社会道德和职业道德结合起来,引导大学生将满腔热情转化为报效祖国的志向和行动。

随着时代的发展,过往高校思政课传统、单一式的灌输在一定程度上已经无法满足大学生主体性的需要,因此,新时代高校思政课要善于启发和引导大学生,理顺大学生实际关心的问题,才能使大学生得到全面的发展。新时代高校思政课的启发性发扬了马克思主义理论教育的方法主要体现在以下三个方面。一是新时代高校思政课的启发性强调激发大学生的主动意识。新时代高校思政课的启发性重在强调大学生的主动性,这对于马克思主义理论教育方法是一个重要的补

---

① 马克思恩格斯选集:第1卷 [M]. 北京:人民出版社,2012:9-10.
② 习近平. 思政课是落实立德树人根本任务的关键课程 [M]. 北京:人民出版社,2020:22.

充，通过培养大学生的创造性与内在动机，使其对生命的意义进行探究，使其不断提高自己的思想品质与道德修养，使大学生在新时代高校思政课中由"被动接受"转为"主动学习"。二是新时代高校思政课的启发性引导大学生的价值理念。启发教学在引导大学生价值理念中可以拉近与大学生的距离，深入大学生内心，发现大学生不完整的价值认知以及价值偏差等，关怀大学生的内心需求，通过启发式教学的方式使大学生树立正确的价值观念，在充分发挥自我价值的过程中，也要鼓励大学生关注社会，在力所能及的范围内关心、帮助社会中的一些弱势群体，在发挥自我价值的同时也能做到"赠人玫瑰，手有余香"。三是新时代高校思政课的启发性促进大学生的全面发展。新时代高校思政课的启发式教学就是要秉持以人为本的理念，在理论与实践的平衡中找到尊重大学生主体性的契合点，为大学生创造力的激发提供"温床"，使大学生的现实需求与社会发展需要精准对接，树立广阔的视野。

灌输性和启发性是辩证统一的。坚持灌输和启发相结合的方法，早在列宁领导的工人运动时期就有所体现，列宁在进行革命的实践中，就曾通过创办刊物、成立斗争协会、利用媒介正面灌输、进行局部宣传等方式，采取将灌输与启发相结合的方式，在工人群众中传播革命火种。灌输注重大学生认知由无到有的变化过程，启发在于实现大学生的知行合一，二者虽各有偏重，但是在其内部存在着一致性，两者相统一于新时代高校思政课的实践中。一方面，启发性要以灌输性为指引。灌输性是事关新时代高校思政课的政治立场和价值取向的，新时代高校思政课的核心任务是传导主流意识形态，以先进的理论武装青年大学生的头脑，因此，灌输性是启发性的基础，假如没有灌输打牢理论基础,那么启发只能是"海市蜃楼""空中楼阁",最终只能是"启"而不"发"。大学生世界观、人生观、价值观的树立,要在新时代高校思政课将科学严谨的知识系统灌输给大学生的基础上,通过启发让大学生自主进行知识建构,达到大学生理论体系的自洽。另一方面,启发性是对灌输性的凝练和深化。如果说新时代高校思政课的功能体现的是灌输性,那么其首要的功能补充和重要拍档一定是启发性。思想启发并不是"空洞无味"的启发,而是"耐人寻味"的深邃思想的启发。只有理论灌输达到一定程度,对知识体系的理解达到融会贯通,启发才显得格外具有意义,将"输"与"导"实际联通,实现"启"而"发",引导大学生找寻合乎自身成长成熟发展的学习成长路径。综上所述,灌输和启发必须彼此结合起来才能发挥出两者的最大效果,单向度地使用灌输或启发都会使新时代高校思政课的实际教学陷入僵化的窠臼,灌输和启发的运行环境和逻辑进路都不是单一的、固定的,而是可以根据现实的情况经过精巧的设计、精心的编排、精妙的衔接将两者结合起来,形成两者的"水乳交融",才能"拨云见日",显著提升新时代高校思政课的教学质量与效果。

## 二、引领新时代高校思政课教学方法的更新

坚持灌输性和启发性相统一,要将理论灌输和思想启发作为重要抓手,在实现知识传授的基础上更加注重价值引导,在建构科学内容体系的同时更加注重激发大学生的主体意识。坚持灌输性和启发性相统一引领新时代高校思政课教学方法、教学理念、教学原则的更新,有利于全面提升新时代高校思政课的教学质量。在"八个相统一"规律中,坚持灌输性和启发性相统一为其他几对矛盾提供了教学方法层

面的更新方向，从教学理念、教学原则、教学方法三个方面，实现新时代高校思政课的守正和创新，促进大学生的品德修养与价值理念生成，实现大学生的全面发展。

第一，坚持灌输性和启发性相统一对于新时代高校思政课教学理念来说是极大地丰富。思想先于行动，并且指导行动，因此教学理念是教学方法的先导，持续更新的教学理念可以使教学方法灵活多变、风格多样。良好的教学理念有助于从更广阔的角度审视教学方法，使教学方法在横向和深入的比较中符合时代的要求和大学生的内在期盼，用理性说服人，用情感感动人，使大学生真正喜欢并受益于生活。坚持灌输性和启发性相统一在教学理念层面强调教师理论自发意识和大学生问题自觉意识相统一。一方面，坚持灌输性和启发性相统一要求提升师资队伍的理论自发意识。他们作为传授知识过程中的主导者，应有高度自发的理论意识去引领大学生更好地认同教学内容，以大学生喜闻乐见的方式为出发点积极更新理念；同时要始终坚持教育者要先受教育的教育理念，应自发地快速适应时代的挑战和社会的发展，站在理论发展和思想热点的前沿，不断丰富自身的知识库，通过解锁更多的学习资源，更新教育理念，找到属于自己的教学风格。另一方面，坚持灌输性和启发性相统一要求培养青年大学生的问题自觉意识。大学生应自觉地树立问题意识，将自己视为学习的主人，大学生应在学习的过程中学习老师思考问题的角度、分析问题的切入点、解决问题的方式等，树立问题意识和批判思维。同时，他们还需要有意识地敢于积极表达、敢于积极争取、敢于诉说情感，将在课程学习中习得的知识经验不仅是用于课堂中，而是运用到自己的学习、生活中，为未来的工作做好铺垫，只有将这些知识经验形成具体的行动，才能找到自己独立的研究点、喜好点，以及进一步了解自身的认知难点等，促进自身全面发展。

第二，坚持灌输性和启发性相统一引领新时代高校思政课形成注重理论传授和人格塑造的统一的教学原则。教学原则为教学方法搭起了教学运行的"轮毂"，同时也成为教师在实际教学中选取教学方法时的借鉴与参考。首先，把握大学生接受的特点是制定教学原则的基础。要提高新时代高校思想政治理论课的灌输和启蒙教育效果，最终要解决大学生对教学内容的接受和认可问题。当教学内容满足他们成长和发展的需要和期望时，他们会展现出更多的兴趣以及更高的关注度，可以激发他们投身实践的主动性和积极性。因此，坚持灌输性和启发性相统一对教学原则的启示是要主动激发大学生的探索动机，引导大学生进行主动选择和自我提升，在主动接受和认同新时代高校思政课的过程中，实现知行转化。其次，实现师生的良性互动是形成教学原则的核心。在过往的部分未能良性运转的高校思政课中曾出现"满堂灌""一言堂"等现象，一些教师僵化、机械式地将某个理论或观点抛给大学生，而大学生只能被动接受，最终导致课堂出勤率低、课堂"低头族"等，师生未能有效形成良性互动，高校思政课的育人实效也就无法被真正理解。坚持灌输性和启发性相统一实际上是提醒新时代高校思政课教师要摆脱"以教育者为中心"的认知，形成以"大学生为本"的认知。由新时代高校思政课教师设计、编排、演示的教学片段不应该是教师们自说自话的"独角戏"，长此以往会使大学生对课堂教学产生反感，甚至是厌恶的情绪，不利于师生之间的互动交流；而应该增加部分互动环节，使课堂氛围成为有计划、有纪律、有互动、有点评等的"合作剧"，将问题的研究方式教给大学生，引导并启发大学生对自己所关注的热点问题进行研究尝试，并积极给予大学生意见和反馈，对于一些平日里不喜欢表达、性格较为沉闷的大学生要给予更多的关注，鼓励大学生敢于尝试参与其中，敢于突破，表达自己的内心想法和观点，对学习感受和课堂实效进行及时的反馈，以实现师生的良性互动为出发点增强新时代高校思政课的影响力和感召力。

第三，坚持灌输性和启发性相统一更新了新时代高校思政课的教学方法。坚持灌输性和启发性相统一实际上是教育主客体辩证关系的集中体现，灌输性中蕴含着对教师开展教学活动的方法启示，比如新时代高校思政课教师要通过新时代高校思政课进行知识性的价值传导；启发性中也包含着大学生在教学活动中的成长期待，例如要让大学生成为新时代高校思政课的真正核心主体，引导大学生拥有独立深度思考能力，让大学生在追本溯源的过程中自然得出结论，重视知识与实践的转换。新时代高校思想政治理论课要培养大学生的坚定信念、健全人格、高尚情操和优秀能力，要让大学生在理解认同教学内容的基础上，产生情感共鸣，自觉自愿地发生转化。一是要引导大学生在具备系统理论框架和科学的理论体系的基础上，保持政治清醒，学会主动用马克思主义的观点去理解世界、观察社会、体察人生百态。二是要充分利用好校园内外、网络上下的教育引导资源，通过大数据等方式了解国内、国际大事，分析这些事件背后发生的原因以及发展态势等，使大学生学会把握具体事件的主要矛盾的主要方面。三是引导大学生在将所学知识融会贯通的基础上，也在实践中不断强化，不断完善自己的价值观，将学习理论和投入实践紧密结合起来。

### 三、蕴含新时代高校思政课教育方式的协同

坚持显性教育和隐性教育相统一蕴含着新时代高校思政课教育方式的协同，有助于不断提升新时代高校思政课的影响力、感染力和辐射度。一方面，以新时代高校思政课的课堂教学为主导的显性教育，理直气壮地向教育对象传达了其科学的思想理论。另一方面，以校园文化、社会实践、社团活动为主的隐性教育不断有效地将教育内容融入教育对象的实际生活，潜移默化、润物无声地滋润教育对象的心灵。新时代高校思政课主要是以显性教育而存在的，但是在新时代思想政治教育创新发展和思想政治理论课教学质量提升中，尤其是在思想政治教育全过程全方位育人的大背景下，隐性教育也逐渐成为日益重要的存在。因此，要坚持显性教育和隐性教育相统一立体化、多渠道、深层次地提升新时代高校思政课教育方式，进而提升新时代高校思政课的实效性和针对性。

显性教育引领了新时代高校思政课的教育方式。在新时代高校思政课中坚持显性教育，不仅符合青年大学生的身心发展实际，有助于对其理想信念、价值观念等进行科学引导；而且符合新时代高校思政课的课程实际和课程规律，有利于将马克思主义和方法论的科学世界观传递给大学生。无论是从思想政治教育的学科属性，还是新时代高校思政课的课程要求，抑或是国家和社会发展的时代要求，新时代高校思政课的显性教育不但没有过时，而且需要加大力度充分发挥其引领作用。具体来看，一方面，显性教育牢牢抓住课堂教学这个主渠道。新时代高校思政课的显性教育通过课堂教学得以发挥最大程度的效果，既理直气壮地向青年大学生讲授和传递科学理论，通过课堂教学，向

大学生传授政治知识、道德知识和法治知识等提升其综合素养，帮助其培养道德情操、知识理论、健康身心、审美情趣等；又旗帜鲜明地帮助大学生坚定科学的理想信念，通过教育大学生坚持正确的政治观点和政治方向，帮助大学生树立起坚定的政治信仰，使大学生具备明辨是非的能力。另一方面，显性教育紧紧围绕课程教材这个主阵地。显性教育通过课程教材向大学生传递相应的教学内容，既注重教材内容的理论性和思想性，通过及时反映马克思主义中国化最新理论成果，体现党带领人民建设富有中国特色社会主义的生动实践基础和基本经验；也注重教材内容的生动性和延展性，通过适当引入案例和专题，引导师生在问题探讨以及案例解决中加深对学科知识的理解和掌握。

隐性教育是新时代高校思政课教育方式的有益补充。在强化新时代高校思政课课堂教学建设管理的基础上，也要充分运用和挖掘各个学科、各个资源中蕴含的隐性教育元素，充分发挥隐性教育润物无声的规范效用，在配合显性教育的基础上使教育对象在喜闻乐见、习以为常的生活、学习、实践中自觉主动接受教育，达到日用而不觉的教育效果。隐性教育对于新时代高校思政课教育方式的补充体现在隐性教育采用融入式、间接式、渗透式的方式对教育对象产生影响，具体来看，日常思想政治教育、相关课程、相关队伍、以文化人等都是开展隐性教育的重要途径。其一，隐性教育强调把握课堂外的育人场域。日常的思想政治教育不应该限于课堂教学的场域中，而是应该向课堂之外的育人场域不断延伸，持续走进大学生的生活场域、网络场域、学习场域中，在这些大学生赖以生存的场域中可以进一步地增进亲近感、提升权威性、体现人文性，在大学生的日常生活中进行价值引导，对大学生的思想和行为产生影响。其二，隐性教育强调运用相关课程的育人资源。学校专业课程、哲学社会课程等相关课程中蕴含的丰富的育人资源是开展隐性教育的良好载体。相关课程可能包含着大学生在知识体系上的重要兴趣点，所以要把握相关课程的育人资源，在教授专业知识的同时渗透对大学生的引导，这样往往大学生更能产生追随的力量，因此能够对大学生的未来发展产生更实际、更持续、更强劲的影响。其三，隐性教育注重发挥相关育人队伍的力量。辅导员、班主任、党务政工干部、共青团干部、心理咨询师等是开展隐性教育的主要教育主体，他们通过专业知识教育、引导大学生使隐性教育有成果、有收获。其四，隐性教育倾向于发挥文化润物无声的特点，将文化的资源和力量融入隐性教育有助于长久地、默默地、深远地影响教育对象。

显性教育和隐性教育在新时代高校思政课中是对立统一的，主要体现在两个方面。一方面，显性教育和隐性教育的对立性体现在，两者有着不同的特点，并且在具体运用途径上存在着差异。显性教育强调通过明确的教育目标、教育计划等直截了当地进行教育引导的教育方法，而隐性教育注重将教育目标隐匿，采用一种潜移默化的方式强化育人效果。显性教育更加注重主动性、主导性、强制性，而隐性教育较为关注融入性、嵌入性、隐蔽性。另一方面，显性教育和隐性教育的统一性体现在，两者具有相同的育人目标。两者都要致力于完成立德树人的根本任务，围绕人才培养这个核心点，在教育上存在着互补的作用。以灌输为主的显性教育贯彻了新时代高校思政课政治性、理论性的课程属性，对于体现教育特色、实现教育价值具有突出的作用。但是随着时代的发展，教育对象的需求也伴随时代发生了改变，单纯的灌输式的显性教育已经无法完全满足教育对象的需要，因此这就需要通过创新教育形式，充分发挥隐性教育的特点，使思想政治教育潜移默化地发生影响，润物无声地在教育对象的心里埋下真善美的种子，在显性教育和隐性教育之间形成良好互动。综上所述，显性教育和隐性教育就像手心手背，二者相辅相成，相互配合，相互制约。离开了隐性教育的显性教育，会因为缺乏潜在性、嵌入性的"柔性教育"而变得死板、生硬；脱离了显性教育的隐性教育，则会因为缺乏主导性、直接性的"刚性教育"而显得飘忽、摇摆。所以，唯有把显性教育和隐性教育深度融合起来，方能立体化、多渠道、深层次地提升新时代高校思政课的教学质量。

## 四、展现思想政治教育全员全程全方位育人

思想政治教育全员全程全方位育人即"三全育人"，是以"大思政"的立体化格局不断回归教育的本源，不断探索思想政治教育的基本规律。"要坚持显性教育和隐性教育相统一，挖掘其他课程和教学方式中蕴含的思想政治教育资源，实现全员全程全方位育人。"①坚持显性教育和隐性教育相统一是在着力构筑"大思政"的总体格局，眼界不是局限在新时代高校思政课这个"点"，而是将对思想政治教育这个"面"进行顶层设计和整体安排，将在新时代高校思政课实践中得到的规律性认识和经验逐步拓展到思想政治教育的整体运行中。

浸润在思想政治教育"三全育人"这一协同理念的显性教育、隐性教育均在各自领域内持续发挥作用，它们之间各自都具有自己的育

---

① 习近平主持召开学校思想政治理论课教师座谈会强调　用新时代中国特色社会主义思想铸魂育人，贯彻党的教育方针落实立德树人的根本任务［N］.人民日报，2019-03-19（1）.

人渠道，也各自发挥着在育才中的特色；但是当显性教育和隐性教育结合在一起时，它们之间的优势会被逐步放大，劣势也会彼此弥合。一方面，坚持显性教育和隐性教育相统一构筑思想政治教育"三全育人"的协同育人理念，为"八个相统一"规律的实现拓宽了眼界、延展了空间。思想政治教育"三全育人"的本质，就是高校的一切力量，能够在一切空间、一切阵地、一切场合，运用一切载体、一切方式、一切手段，协同开展一体化育人工作。[①]具体来看，坚持显性教育和隐性教育相统一从搭建育人共同体、育人平台、育人机制、育人环境等几个方面着手，不断强化思想政治教育"三全育人"的协作教育理念。其一，坚持显性教育和隐性教育相统一强调育人共同体之间的前进的力量互连互通，将高校的专业思政教育工作者、辅导员、党务工作者与专任教师、班主任、后勤服务人员等育人力量充分结合起来。其二，坚持显性知识教育和隐性教育相统一注重协同育人相关平台的项目建设，以学科交叉思维统筹思政课程、课程思政，并将其与日常思想政治教育高质量结合，形成主渠道和主阵地互通有无。其三，坚持显性教育和隐性教育相统一强调协同育人机制的构建，既要形成包含完善的保障机制以及科学的动力机制的协同育人机制，也要形成协同育人的评价激励机制，使协同育人机制保证良性运转。其四，坚持显性教育和隐性教育相统一注重协同育人环境的优化，既要协调外部化解的协同性、立体化，也要注重对外部环境的优化与更新，巩固有利条件，使环境发挥综合作用，变不利为有利。

另一方面，坚持显性教育和隐性教育相统一为实现思想政治教育

---

① 冯刚.大学生思想政治教育工作概论［M］.北京：北京师范大学出版社，2020：277.

"三全育人"提供方法论的指导，为"八个相统一"规律在实践层面提供了遵循和指引。第一，完善了新时代高校思政课的教育理念。坚持显性教育和隐性教育相统一既强调采用显性的灌输教育，同时也要进一步完善隐性教育，使大学生在润物无声的教育活动中接受教育。第二，加深了新时代高校思政课的教学内容。坚持显性教育和隐性教育相统一就是要在泾渭分明、名正言顺地讲好教育内容基础理念的同时，将教育内容潜移默化地融入青年大学生的日常生活中，使其日用而不觉。第三，发展了新时代高校思政课的教育机制。可操作的、能落实的工作机制在教学实践中切实把教育引导和实践养成紧密结合在一起，有助于结合显性教育和隐性教育。第四，拓展和深化新时代高校思政课的隐性教育形式。为了提高显性教育和隐性教育的有效性，既要结合时代发展特征和中国发展实际，不断丰富和完善显性教育形式，也要结合大学生时代特征和成长发展需求，进一步拓展和深化隐性教育形式。

# 第五章

# 新时代高校思政课建设"八个相统一"规律的实践路径

新时代高校思政课建设"八个相统一"规律以增强提升新时代高校思政课育人实效为最终价值旨归。新时代高校思政课建设要以"八个相统一"为引领，要在教学目标、教学内容、教育对象、教育机制中明确新时代高校思政课建设的系统要素；要从实践教学模式、以文化人和以文育人、网络信息技术与大数据、交叉学科融合的角度应用新时代高校思政课建设的方法创新；要从教育的主客体、思政课程与其他课程、工作队伍、学校及家庭和社会着手构建新时代高校思政课建设的协同机制；也要注重从质量评价的原则、指标、内容、方法、机制的角度完善新时代高校思政课建设的质量评价。

"八个相统一"规律对于新时代高校思政课建设具有举足轻重的作用，同时也是引导新时代高校思政课进行实践的"重要法宝"。"八个相统一"规律其中蕴含的关于新时代高校思政课建设发展的思路、方法等为其实践打下了坚实的基础，因此新时代高校思政课的具体实践要以"八个相统一"规律为参照，明确新时代高校思政课建设的系统要素，应用新时代高校思政课建设的方法创新，构建新时代高校思政课建设的协同机制，完善新时代高校思政课建设的质量评价。

# 第一节 明确新时代高校思政课建设的系统要素

"八个相统一"规律包含了对新时代高校思政课建设的系统要素的思考，教学目标、教学内容、教育对象、教育机制等都是推动新时代高校思政课发展的重要系统要素，提升这些重要的系统要素对于新时代高校思政课的建设具有积极的推动作用。在"八个相统一"规律的引领下明确新时代高校思政课建设的系统要素，要在对教学目标的深化中以立德树人为目标进行综合设计，在对教学内容的完善中筑牢高校思政课理论知识体系，在对教育对象的把握中从大学生的主体价值和内在需要出发，在对教育机制的创新中完善高校思政课的运行和保障机制。

## 一、在对教学目标的深化中以立德树人为目标进行综合设计

教学目标是开展教学活动的先导，新时代高校思政课以立德树人为教学目标进行综合设计。新时代高校思政课建设以"八个相统一"规律为参照，找到了灯塔并锚定了方向。其中坚持政治学和学理性相统一要求新时代高校思政课的教学目标必须以马克思主义为指导，坚持发挥立德树人在人才培养中的重要作用。立德树人包含着新时代高校思政课德育为先、育人为本的目标追寻，即育德是育人的灵魂，要想树人，首先要育德。立德树人，准确地概括了新时代高校思想政治教育的战略定位。立德树人在坚持德育为先的基础上，强调全面培养大学生，确保中国特色社会主义事业兴旺发达和后继有人。在教学目

标的深化中，以立德树人为目标进行综合设计有助于体现鲜明的时代特征。立德树人不仅把握了中国特色社会主义教育现代化的目标和方向，同时也回答了"培养什么人"这一教育的根本问题，因此以立德树人为目标对新时代高校思政课的教学过程进行综合设计有助于在教育大势中把握时代脉搏。同时，在教学目标的深化中，以立德树人为目标进行综合设计有助于贯穿共同的价值目标。新时代高校思政课需要引导大学生明确立德树人的深刻内涵，把握立德树人和时代新人的内在逻辑，鼓励大学生在实践中以时代新人为行为标准，以立德树人为终极追求，在实践中反思、精进，将肩负建设中国特色社会主义的共荣使命作为其前进的目标和方向。

"八个相统一"规律引领下的新时代高校思政课在教学目标的深化中以立德树人为目标进行综合设计。首先，新时代高校思政课的教学目标要在以立德树人为目标的基础上增添合理性。一方面，新时代高校思政课教学目标的综合设计要突出重点，注重育人过程中道德实践的养成。"立德"是"树人"的基础，"树人"是"立德"的归宿，两者紧密相连并且依次递进。习近平强调，"人无德不立，育人的根本在于立德。这是人才培养的辩证法"[①]。育德和育人是立德树人的最终旨归，这也是人才成长规律和人才培养规律的必然要求。作为"八个相统一"规律引领下的新时代高校思政课来说，除了要紧紧把握立德树人的育人中心任务外，还要关注大学生理想信念的养成、理论素养的习得，同时引导大学生具备爱国情怀，将明大德、守公德、严私德贯

---

① 习近平在北京大学考察时强调 抓住培养社会主义建设者和接班人根本任务 努力建设中国特色世界一流大学 [N]. 人民日报，2018-05-03（1）.

彻到日常行为中，在实践中使大学生在思想道德品质以及学科专业能力上均有所建树。另一方面，新时代高校思政课教学目标的综合设计要坚持育德与育人的辩证统一。人的培养要重点考虑"德"这个重要指标，而"德"的突出表现即为德性修养。因此，在教学目标的设计中可以适当突出大学生德性修养的要求，在德性修养方面设计教学目标的合理比重，使"八个相统一"规律引领下的新时代高校思政课注重在德性素质、品行修养等层面对大学生的培养。

其次，"八个相统一"规律引领下的新时代高校思政课的教学目标要在以立德树人为目标的基础上凸显整体性。立德树人的内涵是具有整体性的，不仅体现在对"立德"的内涵需要整体把握，包括：对中华民族传统美德的传承，社会、家庭、职业、个人等层面关于道德的要求，而且体现在对"树人"的整体性把握，人的全面发展是德智体美劳的整体性、系统性发展。因此在对大学生的培养过程中要在把握德育为先的育人导向的同时，注重对大学生培养的横向和纵向的发展。横向发展即关注大学生发展特点、性格特征、喜好偏爱的不同倾向，不囿于大学生某一方面的才能，而是关注其多方面的发展。纵向的发展是大学生发展的递进性，大学生在完成个人发展的基础上，要具备为国家、人民服务和奉献的荣誉感和责任感。新时代高校思政课的在教学目标层面还要更加关注大学生的理想信念教育以及价值养成，要通过马克思主义信仰和中国特色社会主义信念催化和加持，既坚定大学生的理想信念，使大学生在前行路中拥有思想动力，也要充分运用学校、家庭、社会等多方力量，统筹学校、家庭、社会的资源，将大学生的成长发展置于良好的运行体系之中。

最后，"八个相统一"规律引领下的新时代高校思政课的教学目标要在以立德树人为目标的基础上体现实践性。立德树人的内涵具有明显的实践指向,因此教学目标要在以立德树人为目标的基础上与社会实践相结合。一方面,要在新时代高校思政课的教学目标层面研究大学生喜闻乐见、重点关注的问题。将大学生的成人、成才与道德教育的实践结合起来,引导大学生将自己的学业生涯发展与教学目标进行对标,在寻找差距中努力消除差异,在实践中接受正向的熏陶,形成情感的共鸣点,方便进行下一步的育人实效,解决在大学生心中许久的困扰,最终朝着具体方向沉淀与精进。另一方面,也要在新时代高校思政课的教育目标层面引导大学生勇于实践,在实践中印证所学知识、收获切身经验、解决实际思想困惑。在新时代高校思政课的教学目标感召下,引导大学生逐渐重视实际技能的运用,对习得的知识进行深层思考,这种思考将会使大学生更加有自信以及勇气面对今后可能会面对的复杂矛盾,使大学生的能力朝着更高的方面发展。

## 二、在对教学内容的完善中筑牢新时代高校思政课的理论知识体系

教学内容的设计是开展新时代高校思政课教学的必要一环,在教学内容的完善中筑牢新时代高校思政课理论与知识体系,对贯彻落实"八个相统一"规律具有重要意义。"八个相统一"规律完善新时代高校思政课的教学内容,并为其点明了思路,提供了路径。因此,要紧紧围绕"八个相统一"规律在新时代高校思政课教学内容的完善中筑牢新时代高校思政课的理论知识体系。

"八个相统一"规律引领下的新时代高校思政课在教学内容上必须更加凸显理论的力量。"八个相统一"规律引领下的新时代高校思政

课的课程体系要始终坚持以铸魂育人为根本，坚持政治性和学理性相统一以及坚持理论性和实践性相统一要求其内容要反映理论性、时代性、科学性。一方面，要突出新时代高校思政课在教学内容中的理论性。新时代高校思政课以马克思主义理论为指导，特别是以党的理论创新成果为基础和核心内容，这些理论中内涵的思想观点、价值观念等具有强烈的理论性，使大学生在深入研习理论时充分感受其独特魅力。具体来看："原理课"应帮助大学生了解马克思主义理论体系的精髓，学会将抽象的理论知识转化为具体生动的实践；"概论课"要带动大学生对毛泽东思想、中国特色社会主义理论有较全面的认识；"纲要课"要引导大学生在历史发展的纵深中领会我国国情、国史的发展，明白我国所处的历史方位以及未来走向；"德法课"着重帮助大学生提高思想道德素质和法治观念；"形势与政策课"要促使大学生完整地、准确地理解马克思主义科学体系。另一方面，要凸显新时代高校思政课在教学内容中的时代性。新时代高校思政课内容体系要及时吸收马克思主义中国化的最新理论成果，以党的创新理论为基础和核心内容，更好地适应时代发展要求。同时，要彰显新时代高校思政课在教学内容中的科学性。在"八个相统一"规律引领下，要保持新时代高校思政课各课程之间的协同、贯通和平衡，保证课程体系内的每一门课程与其他课程衔接有序、过渡自然，使新时代高校思政课的各门课程从不同的角度为大学生搭建起全面、完善的理论体系，关注大学生成长和认知的心理规律，并根据不同专业、不同学段的大学生特点，合理设置教学内容。

第二，"八个相统一"规律引领下的新时代高校思政课要加强教材配套资源的立体化建设。全面、系统、完整的新时代高校思政课教材体系可以全面地反映课程内容。在"八个相统一"规律引导下推动新时代高校思政课的创新发展，还需重点关注以下两个方面。一是加强新时代高校思政课教材内容的理论创新。新时代高校思政课的教材内容要展示理论全景以及发展动态，以阐释清楚、讲解明白、弄清脉络的逻辑思路在教材内容中融入马克思主义及其理论创新最新成果，使大学生了解马克思主义中国化最新理论成果，使新时代高校思政课的教材内容成为大学生了解理论、接受理论、践行理论的载体资源。新时代高校思政课的教材内容也要亲近大学生，以大学生的兴趣点、关注点作为重要的切入点，并且将大学生的学习进度、理解程度作为首要的"破局点"，使教材内容成为大学生"爱不释手"的"学习宝库"，而不是"随风飘零"的"知识碎片"。二是加强新时代高校思政课教材配套资源的立体化建设。在新时代高校思政课教材配套资源中强化马克思主义基本原理、马克思主义发展史、党史党建、思想政治教育热点研究、思想政治教育原理、思想政治教育方法论等方面的资源供给，为新时代高校思政课的教材内容提供高质量的资源供给。同时注重新时代高校思政课的教辅资料对教材的补充，教辅资料能够为教师提供重要的教学资料和辅助资源，但由于不同高校在学科情况、学校文化等层面具有差异性，因此既要考虑到教材与教辅资料的层次性与针对性，也要充分借助互联网信息技术，实现教材和教辅的多样性，网络平台共享网络资源库、精彩微课、优秀教案等均可以丰富教材和教辅的内容与形式。

第三，"八个相统一"规律引领下的新时代高校思政课要夯实教材内容的实践根基。在"八个相统一"规律引领下，新时代高校思政课要具备指导大学生形成将理论转化为实践的能力。坚持理论性和实践性相统一要求新时代高校思政课的教学内容应当具有明显的实践指向，夯实新时代高校思政课教学内容的实践根基是教学内容不断发展的现实动力，应主要从两个方面重点推进。其一，新时代高校思政课的教学内容应坚持面向社会实践。理论是从实践出发的，社会实践的变迁必然促进理论的创新和发展。因此，新时代高校思政课的教学内容应立足社会实践，对大学生关心的切实问题予以重点分析和解答，动之以情、晓之以理地回应现实问题，在对实际问题的回应中增强教学内容的说服力。其二，新时代高校思政课的教学内容应面向大学生实践。新时代高校思政课教学内容的更迭必须以大学生实践为指向，要研究大学生，根据大学生的思想道德状况、政治认识水平、实践能力等合理安排教学内容，增强新时代高校思政课教学内容体系与大学生个体的适配度，在新时代高校思政课教学内容的层面要指向大学生、聚焦大学生，关注大学生切实关心的实践问题，了解大学生在实践中的热点与难点问题，不断提升教学的针对性。

### 三、在对教育对象的把握中从大学生的主体需求和成长需要出发

教育对象是开展新时代高校思政课教学的必要因素。从一定意义上讲，教育对象对新时代高校思政课教学的接受程度直接影响着新时代高校思政课教学的效果。因此，了解和关注教育对象的需求是推进新时代高校思政课创新发展的重要基础。

"八个相统一"规律高度重视大学生的主体性地位，其中坚持主导性和主体性相统一体现了新时代高校思政课教育教学以人为本的价值取向。坚持主导性和主体性相统一指导新时代高校思政课结合大学生

成长发展需求和教学实践，深刻把握大学生的主体需求和成长需要。当代大学生的主体需求和成长需要呈现出新的特征，当代大学生更加倾向于直接表达自己的想法和观点，接受信息的速度和广度是他们的强项，对个人的发展也有更加清晰、明确的认知。他们拥有较强的独立意识，遇到问题时更倾向于独立思考，不随波逐流，期盼以自己的独立见解表达自己的个性，在思维上呈现出求新、求异、求变等的特点。在这些新特点的影响下，当代大学生的主体需求和成长需要也更为明显和直接。

"八个相统一"规律引导新时代高校思政课在认识教育对象的主体需求和成长需要的基础上，要更为准确地把握当代大学生的思想行为以及价值引导。首先，新时代高校思政课要深入了解大学生正当的利益关切。根据当代大学生呈现出的新特征，新时代高校思政课要对他们的正当价值需求、愿望等给予积极正向的回应。因此，要积极关注、准确把握当代大学生所处社会环境以及社会关系的现实。一方面，新时代高校思政课要为顺畅沟通创造稳固的条件。新时代高校思政课作为课堂教学的重要平台，应采取多种方式深入大学生群体中并探寻他们的内心需求、真实想法等，巧妙利用实践教学、网络平台、校内网络、校园广播等推动高校教师与大学生之间进行有效互动，在沟通中获得信任，在信任中得到共鸣，在共鸣中产生影响，在影响中传递尊重，在尊重中完成传承。另一方面，新时代高校思政课要对反映的信息进行及时反馈。"八个相统一"规律引领下的新时代高校思政课要接受大学生们反馈的信息，在反馈的信息中筛选出大学生们价值和利益的关注点，并且积极回应他们价值和利益的关注点，充分发挥好"八个相统一"规律引领下的新时代高校思政课的教育功能，在关切大学生中激发其内生动力。

其次，新时代高校思政课要突出人文内涵的吸引和传递。新时代高校思政课预期成效的实现，建立在与大学生拉近距离的基础上。拉近与大学生的距离，必须设身处地为大学生着想，在为大学生答疑解惑、排忧解难时为大学生树立正确的价值导向。"八个相统一"规律要求新时代高校思政课教师不仅关心大学生在课堂上对知识的掌握程度，并根据大学生的反应适时地调整教学内容和教学方法，而且也要关注大学生在学习生活实践中的表现，了解其真实的需求与想法，教导其在面对困难时要学会积极面对、厘清重点、不畏未来、平复情绪、化大为小、脚踏实地等。同时，"八个相统一"规律要求新时代高校思政课教师避免形成"满堂灌""一言堂"等不良的课堂氛围，给予大学生充分展示、表达的机会和平台，形成和谐有趣的高校思政课的课堂氛围，在潜移默化中达到育人效果。

最后，新时代高校思政课的引导方式灵活多样。"八个相统一"规律要求新时代高校思政课采取当代大学生乐于接受的引导方式，这对于预期教育目标的达成具有积极的作用。"八个相统一"规律要求新时代高校思政课要在为当代大学生提供正确价值导向的基础上，与其他各种育人力量紧密结合，在寓教于乐、一张一弛中收获知识、感悟真理、坚定信念、提升自我。同时，"八个相统一"规律也要求新时代高校思政课尝试沉浸式的教育模式，即在课堂上形成以大学生为主体的教育模式，给予大学生充分的自主度和活跃度，使其积极参与讨论、各抒己见，在交流中达成共识，在争辩中积极引导。也要通过班集体、学校社团、实践基地等为大学生提供实践的机会，让他们在社会实践中更加深刻地感受到正确的价值导向。

### 四、在对教育机制的创新中完善新时代高校思政课的运行保障机制

教育机制是教学活动的重要保障，新时代高校思政课要通过营造平等、关爱的教学环节和教学氛围，尊重差异，包容多样，形成科学、系统、完备的运行和保障机制，最大程度地引导大学生形成思想共识。"八个相统一"规律蕴含着对新时代高校思政课运行和保障机制的思考，运行机制保证了新时代高校思政课在"八个相统一"规律的引导下不断激发教育对象的内在积极性，达到师生和谐互动的良好氛围；保障机制有效地保证了"八个相统一"规律渗透新时代高校思政课，将新时代高校思政课管好、管实、管细、管到位，保证其教学质量不断提升。在"八个相统一"规律的引导下，新时代高校思政课的运行和保障机制的新的理念将会应运而生，在新的理念的引导下，新时代高校思政课将会在实践中继续推进育人效果。

一方面，"八个相统一"规律引导新时代高校思政课要在教育机制的创新中完善其运行机制。在"八个相统一"规律的引导下，新时代高校思政课的运行机制将更加注重以大学生为中心的发展思路，同时也更加注重受教育者的自我教育。首先，新时代高校思政课的运行机制要凸显以人为本的柔性化运行趋向。新时代高校思政课需要始终坚持以大学生为导向，坚持统一性和多样性相统一的原则引导新时代高校思政课构建因人、因地、因时、因事制宜的运行机制，这样才能最大程度地调动大学生这个实践主体的积极性，为新时代高校思政课的运行机制提供充满源源不断活力的动力来源。其次，新时代高校思政课的运行机制要建设更加专业的共享机制和共享平台。新时代高校思政课的资源共享机制有助于提升教学资源的辐射面，达成人才共享、

平台共享和成果共享。新时代高校思政课要坚持显性教育和隐形教育相统一，在其共享机制和共享平台要突破实践主体的限制，在空间和服务对象上进行更大范围的拓展，比如一些大学的优质思政课教学资源可以让相关大学进行共享，采取不同地区大学"结对子"的方式进行带动和帮扶，真正实现新时代高校思政课教学资源的深度融合。同时，新时代高校思政课的共享机制和共享平台要进一步发挥互联网平台的作用，利用好网络大数据。新时代高校思政课可以借助数据的客观性、真实性，形成大学生喜好的数据分析，通过可视化数据合理分析当前人才培养的方案是否执行有力。新时代高校思政课通过调查问卷、网络行为数据等技术手段进行及时的反馈，同时也通过对数据系统的采集、动态观察和综合分析，对大学生的思想动态、学习热点、就业倾向、生活需求等进行分析，并借此适时调整新时代高校思政课的教学内容。最后，新时代高校思政课的运行机制要加快打造专业化、科学化的人才队伍。新时代高校思政课运行机制的合理运转需要一支研究型的队伍提供人才支持，可以从新时代高校思政课教师队伍中遴选优秀人才，用专业知识研究、设计运行机制，不断提高新时代高校思政课运行机制的专业化水平，确保运行机制的科学性和实效性。

另一方面，"八个相统一"规律引导下新时代高校思政课要在教育机制的创新中形成注重质量、确保实效的保障机制。在"八个相统一"规律的引导下，新时代高校思政课需有注重质量、确保实效的保障机制来确保其顺利运行。一是要从顶层设计上科学谋划新时代高校思政课的保障机制。新时代高校思政课的保障机制需要纳入高校人才培养的改革发展规划中，需要有专项财政预算的资金支持，同时也需要将理论引导、思想阐释、统筹谋划等融入新时代高校思政课的保障机制。

二是要在新时代高校思政课的制度设计中形成较为完备、系统的保障制度。在保障制度的政策设计、制定和完善中坚持运用正确的政策导向，使新时代高校思政课在保障机制的运转下保证对其教育教学、理论研究、人才培养、文化传承等方面的落实，同时对高校师生的言行举止进行管理和规范，坚持运用法治思维，将相应的条款以明文的形式写下来，并对遵守相应管理和规范的行为进行表扬、鼓励，对违背相应管理和规范的不良做法进行提醒和严惩，一旦出现需要解决的纠纷，要在法律框架内来解决涉校纠纷。三是要充分重视新时代高校思政课保障机制在基层发挥作用。新时代高校思政课保障机制在基层发挥作用有助于形成"由点到面"的立体布局，确保新时代高校思政课保障机制的覆盖面。要通过激励手段鼓励各高校在保障机制的运行方面大胆探索，鼓励师生积极贡献才华，为师生提供彰显才华、展现才气的广阔机会，努力形成一些保障机制领域的经验，并将这些经验保留下来、固定下来、流传下去，以系统文件的形式将其固化，并加以实践。

## 第二节　优化新时代高校思政课建设的方法

"八个相统一"规律围绕新时代高校思政课面对的热点问题，着眼于从方法创新的角度，促进新时代高校思政课的改革创新。以"八个相统一"规律为参照应用新时代高校思政课建设的方法创新，需要丰富和创新新时代高校思政课的实践教学模式，将以文化人、以文育人融入新时代高校思政课，基于网络信息技术与大数据优化新时代高校思政课的教学方法，实现新时代高校思政课与其他学科方法的交叉与融合。

## 一、丰富新时代高校思政课实践教学模式

新时代高校思政课的创新发展必须建立在其丰富的实践教学模式上，"八个相统一"规律中蕴含丰富的实践教学模式，其中一些新的思考和好的想法助推新时代高校思政课的发展。"八个相统一"规律引导下的新时代高校思政课的创新发展，要求在其实践教学方式和方法上也要做出相应的创新与挑战，形成既能反映时代特征，又能充分实现其教学目标的实践教学模式。

具体来看，一是要缩短理论的距离感。缩短理论距离感的关键是要在实践教学模式中进行传承创新，使理论直达大学生的内心世界，并且使大学生将其内化于心、外化于行是"八个相统一"规律引导下新时代高校思政课实践教学模式必须解决的重要课题。"八个相统一"规律引导下的新时代高校思政课实践教学模式应该在传统育人方法的基础上充分融合现代化技术手段，将现代化技术手段中多样的形式、丰富的手段、精巧的编排融入传统的育人方法。一方面，"八个相统一"规律引导下的新时代高校思政课继承过往高校思政课优良的实践教学模式。讲授法是我国思想政治理论课的传统教学方法，教师要求大学生在课前提前准备围绕课程内容的思考和提问，将大学生学习的主导性在课前就调动起来，更好地实现教学互动，也有助于教师更好地把握大学生的思想情况和学习状况。因此，新时代高校思政课应将讲授法继续继承下去，坚持理论性和实践性相统一的原则，将讲授理论知识和指导实践紧密结合起来。另一方面，"八个相统一"规律引导

下的新时代高校思政课要找到传统与现实之间的平衡点和融合点。找寻基于网络的高新技术手段与新时代高校思政课实践教学的切入点，实现继承传统和融合现代的和谐互动。新时代高校思政课的实践教学要通过图片、短视频、大数据等技术手段从大学生关注喜欢、从大学生愿意接受、从老师容易操作等方面着手，改变以往简单罗列、顺序播放等"老气横秋"式的方式方法，通过实景尝试、叠加操作、快速更迭等形式在新时代高校思政课中将时代感与思想性结合起来。

二是提升课堂的时代感。"八个相统一"规律引导下的新时代高校思政课要使其课堂教学具有鲜明的时代特征，力求"配方"合理、"工艺"精湛、"包装"大气。"八个相统一"规律引导下的新时代高校思政课要将实践导向融入教学大纲、教学资源和教学形式，坚持理论性和实践性相统一。在融入教学大纲层面，"八个相统一"规律引导下的新时代高校思政课要先形成重视实践教学的观念，合理地在教学大纲中提升实践教学的所占比重，根据教学内容的各章节积极配比实践教学，实现进阶式教学大纲，在帮助大学生巩固现有教学成果的同时，深化对进阶内容的理解和认识。在整合教学资源层面，"八个相统一"规律引导下的新时代高校思政课依托网络资源载体，通过网络教学的便利性、信息获取的多样性、结果反馈的直接性将基础性的知识和理论与实践性经验有机结合。在拓展教育形式层面，"八个相统一"规律引导下的新时代高校思政课要大力推广优秀的实践教学模式，叙事式教学、情景式教学、体验式教学和延展式教学等新颖的模式获得了大学生的认可与好评，通过多种实践教学模式，注重以"点"带"面"，深化对教学重难点问题的理解和拓展。比如，新冠肺炎疫情防控期间，高校网络思政课堂在知识传递、价值引导、思想阐释等方面采用图片、视频、新技术手段等自觉强化党的理论创新成果的学理阐释。因此在注重教学效果层面，新时代高校思政课教师要积极引导大学生进行自我反思、自我教育，在反复的复盘中知晓不足，启发探索，增强求知的内生动力。

三是赋予大学生获得感。大学生的实际获得感受是提高新时代高校思政课教学效果的关键因素。因此，当务之急是厘清大学生的价值取向和行为选择的特征与方式。"八个相统一"规律引导下的新时代高校思政课要始终坚持主导性和主体性相统一，了解青年大学生的内心世界，关注他们内心世界的培养，由于不同年级的大学生对事物的感知度不同，理解事物的角度也不尽相同，思考问题的方式也不同，所以"八个相统一"规律引导下的新时代高校思政课的实践教学模式要根据不同的教育对象及时调整方式和方法，在全面、客观地了解教育对象的特征和需要的前提下，在实践教学中要有针对性地进行新尝试。可以通过组织夏令营、社区服务、暑期实践、企事业单位的大学生实习等社会实践，在促进实践的良性平台中鼓励青年大学生收获相应的实际体验，在实际体验之中获得进阶知识，在进阶知识中形成独立判断，在独立判断的生成中升华个人品质，并将所获得的实践经验反哺理论，实现新的认识和新的思考。

## 二、将以文化人、以文育人融入新时代高校思政课

"八个相统一"规律注重调动各种育人资源、育人力量，特别是要充分调动隐性教育资源，注重充分发挥文化的力量，不断为新时代高校思政课增添深厚的文化底蕴和人文底蕴。随着时代的发展，以文化人、以文育人被赋予了新的意义，旨在发挥文化潜移默化的规范作用，

实现社会稳定和国家的发展。

以文化人、以文育人即为人的发展营造属于文化的"磁场",在文化"磁场"中的人们将会不由自主地向积极的方向靠拢。坚持显性教育和隐性教育相统一就是要充分重视隐性教育的作用,而文化作为隐性教育资源的重要组成部分,要充分利用文化的潜质,将文化对人的感染、转化和影响的作用发挥出来。具体来看,要在"八个相统一"规律引导下将以文化人、以文育人融入新时代高校思政课,其一,要在"八个相统一"规律引导下的新时代高校思政课中不断继承和发扬中华民族优秀的传统文化。新时代高校思政课更需要从中华优秀传统文化中"寻根""赋能",中华优秀传统文化为新时代高校思政课提供了强劲的生命动力。在新时代高校思政课的课堂上,要充分做好历史研究、理论研究、实践研究,发掘运用互联网媒介、大数据平台、广告传媒等资源,向大学生讲清中华文化的历史脉络、发展趋势、未来走向,将讲仁爱、重民本、守诚信、崇正义、尚和合、求大同的精神内核赋予时代特征,帮助大学生在科学知识和先进文化的滋养中,不断提升自身的专业素质和人文素养。

其二,要在"八个相统一"规律引导下的新时代高校思政课中继续继承和弘扬中国的革命文化。"延安精神""长征精神""抗战精神""西柏坡精神""改革开放精神""航天精神"等伟大的精神蕴含着的坚忍不拔的意志、勇于创新的精神、为人民服务的决心等都是新时代高校思政课的生动教学资源和教学素材。因此,要将中国的革命文化融入新时代高校思政课的教育教学中。根据大学生不同学段、不同专业进行分类,分阶段、有序地推进中国革命文化教育。同时,要将中国的革命文化融入新时代高校思政课的理论研究传播。引导广大新时代高校思政课教师深入研究中国革命文化的历史渊源、科学内涵、基本要义和实践路径，为继承和弘扬中国革命文化提供学理支撑和理论基础。同时还要将中国的革命文化融入新时代高校思政课的实践育人工作中，为师生积极搭建以继承和发扬中国革命文化的目标共同、合作共享、共建共赢的协同性的实践育人体系。

其三，"八个相统一"规律引导下的新时代高校思政课需要社会主义核心价值观持续引导和影响大学生向着"真、善、美"的方向不懈努力。社会主义核心价值观中蕴含着对思想道德的思考、对时代发展的研判，在继承中华民族传统文化的基础上通过高度凝练，形成贴近实际、具有问题导向的凝练表达，成为当前社会认可的行为准则。一是在新时代高校思政课中要以榜样的作用积极践行社会主义核心价值观。可以在新时代高校思政课上充分挖掘大学生身边的好人好事，选取爱国敬业、勤奋努力、热心助人、诚实守信、尊老爱幼的师生典型，可以开展优秀个人、优秀班集体等激励活动，把好的典型树立起来，形成积极的正面影响。二是要在新时代高校思政课中找到社会主义核心价值观赋予的共情点。新时代高校思政课不仅要善于以理服人，还要善于以情感人，结合时代和实际的需要进一步地阐释和挖掘社会主义核心价值观中的育人元素和内涵。三是要保障社会主义核心价值观处于良性运转机制中。社会主义核心价值观的良性运转需要新时代高校思政课落实长效机制，新时代高校思政课落实社会主义核心价值观运行的长效机制需要从课堂教学、实践活动、管理服务、质量评价等环节重点推进。

其四，"八个相统一"规律引导下的新时代高校思政课需要通过校园文化构建重要协同的"文化磁场"。校园文化是新时代高校思政课教育成效实现的重要协同场域，良好的校园文化营造了新时代高校思政课开展的有利条件。一方面，要利用校园文化形成"文化磁场"的良好环境。当前要根据高校师生年龄层次、知识结构、心理特点等方面的差异有针对性地设计开展校园文化活动，努力形成良好的校园文化氛围。[1]传统的校园文化活动已经无法吸引当代大学生的全部注意力，因此也就无法再继续沿用传统的校园文化活动，可以依托高校校园文化精品项目，比如结合读书会、音乐会、歌咏比赛、体育竞赛等，并结合校园广播、校园宣传栏、校园报刊亭等采取文字、图片、视频、广播等多种形式，建立校园文化的良好环境。另一方面，要通过新兴校园文化活动滋养"文化磁场"的助力能量。一批新兴的校园文化活动已经应运而生，如校园科技文化活动，小品艺术、戏曲综合艺术、民乐以及交响乐等高雅艺术进校园，邀请当地非物质文化遗产传承人进入校园，各式各样的竞赛运动会等将德育与智育、体育与劳育有机结合。此外，校园文化也体现在校园建设的"软装"中，要注重校园文化的"软着陆"。校史馆、校训墙、宣传栏等将学校的历史文化、育人情怀、先进事例等传递给师生，使师生在潜移默化中自觉遵循校训要求，对学校的历史文化产生强烈的归属感，并在学校习得的知识和自己学习的宝贵经历中不断深化，形成对母校的强烈情怀。

### 三、基于网络信息技术与大数据优化新时代高校思政课教学方法

面对新时代对高校思政课提出的新要求，如何在准确把握大数据

---

[1]  刘嘉圣. 新时代爱国主义教育的实践路径［J］. 学校党建与思想教育，2020（3）：27-31.

和网络特点以及优劣的基础上，优化新时代高校思政课教学方法，是现实的考验和挑战。"八个相统一"规律强调充分利用网络信息平台与大数据的优势，其中坚持显性教育和隐性教育相统一强调发挥各种育人资源的同向育人作用，积极面对诸多挑战，也迎接着新的发展机遇。

对于新时代高校思政课来说，网络信息技术与大数据在信息收集、信息传播、信息反馈上带来了新的变化。在信息收集方面，一方面，非线性思维与语义引擎、字词关联等以大数据为依托的网络信息技术，丰富了新时代高校思政课的信息收集与选择的渠道。另一方面，依托网络信息平台快速地收集海量信息，形成新时代高校思政课的信息数据库，并且可以按照新时代高校思政课需要的信息关键词进行高级检索，提升所收集信息的准确性和针对性，保证其最优的服务。新时代高校思政课可以凭借大数据的信息平台获取受教育者的需求、偏好、习惯等，可以更有针对性地预测受教育者的思想特点和行为发展。在信息反馈方面，大数据的技术可以为新时代高校思政课提供定量化、数据化的数据分析的方法和模型，更加精准地对教育效果进行评估。

网络信息技术与大数据的丰富性、开放性、交互性、多样性等对大学生的思想引领、人格塑造等都起着积极的影响，因此，要充分调动大数据的育人资源，在"八个相统一"规律的引导中积极改进和创新新时代高校思政课的教学方法，使得新时代高校思政课教学方法更加科学化，更具时代性。要充分利用网络信息技术与大数据的优势，强化主流价值传播。无论时代如何变迁，"内容为王"一定是一条亘古不变的真理，网络信息技术只是一个平台的变量，真正拥有核心竞争力的依旧是内容。一是要聚焦引导。"八个相统一"规律引导下的新时代高校思政课要在马克思主义指导下，传递正能量、弘扬主旋律，在社会上形成良好的风气，对人们产生积极正向的引导。二是加强宣传。"八个相统一"规律引导下的新时代高校思政课可以依托各类网络新媒体，通过5G、算法推荐、VR等先进技术传播新时代高校思政课的教育内容。坚持建设性和批判性相统一对海量信息中较为劣质的信息来源进行有说服力、有穿透力的批驳，使互联网这个"网络变量"成为新时代高校思政课落实立德树人根本任务的"教育增量"。三是提升影响。"八个相统一"规律引导下的新时代高校思政课要在坚守教育本位的基础上，通过各类新媒体推广通俗、抵制低俗、反对媚俗，做到以理服人、以情动人，激发大学生积极进取的内生动力。

其次，要进一步挖掘网络信息技术与大数据的优势，丰富新时代高校思政课的工作方法。以大数据为依托，网络在新时代高校思政课的育人中将会发挥更加积极的作用。一是收集可为新时代高校思政课所用的网上资源。"八个相统一"规律引导下的新时代高校思政课要重视大数据的相关资源的积累，分析把握网络发展趋势，掌握大学生思想状况，将网络资源运用于教育、管理、服务中。二是知晓当前大学生信息接收的特点。当前大学生习惯于在最短的时间内获得尽可能多的信息，导致快速化、碎片化阅读越来越得到当代青年人的青睐，因此"八个相统一"规律引导下的新时代高校思政课更加需要短小精悍的教育内容以及重点突出、特点鲜明的教学方法。三是找到大学生喜闻乐见的接受方式。"八个相统一"规律引导下的新时代高校思政课可以将"B站"、小红书、知乎、抖音等这些大学生日常接触最频繁的休闲娱乐渠道为高校思政课所用，传播正能量，寓教于乐，达到引导大学生思想发展的目的。四是综合运用网络育人的工作方法。"八个相统一"规律引导下的新时代高校思政课通过在网络上进行宣传教育、在网络上树立"网红"榜样形成示范效应、在网络上开展心理测评等教育形式与大学生亲切交流,掌握大学生思想动态,与大学生交朋友,从而让师生在网络平台的帮助下形成良性互动、共同成长。

最后,不断拓展网络育人阵地。"八个相统一"规律引导下的新时代高校思政课要保证网络空间为其所用,保证新时代高校思政课在网络空间的主导权,利用网络空间为新时代高校思政课增加育人成效,同时也要准确把握网络信息技术与大数据的发展特点和内在机制。一方面,要利用自媒体在新时代高校思政课上宣传榜样事例,以此带动大学生积极向优秀的人物看齐,客观真实地展示当代中国的精神风貌并向世界展示全面、立体、真实的中国。另一方面,要形成接地气又充满时代气息的新时代高校思政课教育网站和网络社区,这些相关的教育网站和网络社区更能吸引大学生在其中阅读内容、发表评论、持续关注,也就更容易在其中形成交流平台,合理利用网络反映大学生情绪,及时反映大学生的内心想法,有助于及时解决大学生在思想情绪上的"堵点"。同时,也要利用网络拉近与大学生之间的距离,在网络这个反馈多样、沟通及时、便捷使用的平台为大学生提供自我表达的机会,要用真情感染人、用榜样鼓舞人、用典型事例说服人,不断增强新时代高校思政课的针对性和实效性。

## 四、实现新时代高校思政课与其他学科方法的交叉与融合

"八个相统一"规律引导下的新时代高校思政课要具有学科交叉的视野,坚持显性教育和隐性教育相统一强调将其他相关学科理论范式和研究方法的精华融入新时代高校思政课。"八个相统一"规律注重发挥各自育人资源与育人力量,尝试相关学科之间的交叉和融合,不断

推进新时代高校思政课建设的规范化和科学化发展。实现新时代高校思政课与其他学科方法的交叉与融合不仅有助于完善学科架构，而且是对新时代高校思政课范畴、边界、体系等的完善，有助于丰富新时代高校思政课学科建设的完整体系，提升新时代高校思政课建设的视野和格局。具体来看，首先，"八个相统一"规律引导下的新时代高校思政课要在坚持自身独立性的同时与其他相关学科之间形成适度的张力。关键在于把握好新时代高校思政课与其他相关学科之间的"度"，即厘清新时代高校思政课与其他相关学科之间的主客体关系。一方面，要坚持新时代高校思政课独立性、充分遵循"八个相统一"规律，将其他相关学科的优秀的理论思考、观点成果、方法模式等增添进来，拓展新时代高校思政课自身的课程体系、课程内容、教学方法等，使"八个相统一"规律引导下的新时代高校思政课处于不断沉淀、不断精进、不断发展的良性运转逻辑中。另一方面，"八个相统一"规律引导下的新时代高校思政课也要以问题为导向研究吸收其他相关学科的优秀成果，在跨学科的交叉与融合中形成符合大学生实际需要的符合中国风格、中国特色的新时代高校思政课内容、规范、教学方法和学科体系。

其次，要加强新时代高校思政课和其他相关学科的密切交流。在"八个相统一"规律的引导下，形成新时代高校思政课与其他相关学科交叉研究、对话的平台有助于为新时代高校思政课实际问题的解决提供多角度、全方位的方法指导，不断促进各学科之间的相互影响、相互交流以及彼此认可。一是要优化学科交流环境。形成新时代高校思政课与其他相关学科交流对话的良好氛围，建立健全新时代高校思政课与其他相关学科之间研讨交流、合作分享机制，从而弥合分歧、达成共识、成果共享。二是要搭建学科交流平台。探索形成以新时代高校思政课与相关学科交流为核心的统一规范的会议平台、学术期刊平台、网络平台等，并且逐步丰富以新时代高校思政课为核心的交叉学科前沿论坛、中青年学者论坛等，形成相互交流、相互影响、相互促进、相互成就的平台合力。三是要推动跨区域的协作。形成不同地域之间相关学科交叉研究、对话的定期交流制度，促进区域之间的互补和融合，形成相关学科交叉的跨区域协作体系。

最后，要吸收和借鉴其他学科教学与研究中的优秀的研究方法和范式。其他学科教学与研究中的优秀研究方法和范式为新时代高校思政课的教学方法提供了有益的参考与补充。具体来看，从伦理学的视角来看，要注重采用榜样教育对教育者的个体习惯进行常态化培养；从经济学的视角来看，要着重从供需关系的角度进行管控和调节；从系统学的视角来看，要从系统运行的整体性以及系统要素的协同性统筹考虑环节和方法；从教育学的视角来看，要强调通过问答、辩论等方式达成教育对象之间的沟通与协同；从心理学的视角来看，要注重从思想生成的心理参与机制获得方法指导等。因此，运用相关学科的具体理论框架和研究范式针对新时代高校思政课中的实际问题，是对新时代高校思政课方法论的创新和发展。一方面，人文关怀是人文学科教学与研究为新时代高校思政课带来的重要遵循。文学、哲学、历史学、艺术等人文学科强调在浓厚的人文情感中接受专业教育，通过营造富有吸引力和感染力的人文关怀，使受教育者由衷地感受到教育者的关怀，因而产生正向的教育效果，这为"八个相统一"规律引导下的新时代高校思政课的教学方法提供了重要借鉴。另一方面，要向社会学科的教学研究进行借鉴。社会学科教学与研究中的一些实际方法是新时代高校思政课教学与研究中较为薄弱的环节，可以向社会学科的教学研究进行借鉴，有助于完善新时代高校思政课方法论。例如，新时代高校思政课可以鼓励大学生在社会实践中提升专业能力，学会运用专业知识；也可以借鉴人类学的田野调查方法，教会大学生从获得一手资料开始。"八个相统一"规律引导下的新时代高校思政课方法论的完善，需要以开拓的视野打破大学生实际学科背景对大学生的限制，充分吸收借鉴相关学科的内容，将思想政治教育、专业知识教育、社会教育等有机结合，使大学生们在多学科的视野中扩展眼界、夯实基础、提升能力。

## 第三节 构建新时代高校思政课建设的协同机制

新时代高校思政课需要在"八个相统一"规律的指导下借鉴协同学、系统学的相关知识，通过腾挪找到协同发展的破局点。"八个相统一"规律中蕴含着整体性的运行思路，将新时代高校思政课发展的八对矛盾形成统一的整体，对于新时代高校思政课的建设具有重要的借鉴意义。新时代高校思政课是需要组织和协调各方面育人资源与育人力量的系统工程，其整体合力的形成需要通力合作、多方支持。新时代高校思政课协同育人成效需要完善的协同育人机制进行催动和保障，因此要注重长效工作机制的建设，以整体性的思路着力构建全方位、全过程的新时代高校思政课建设的协同育人机制。具体来看，要建立新时代高校思政课教育主客体之间的协同机制，完善新时代高校思政课程与其他各类课程的协同机制，构建新时代高校思想政治工作队伍的协同机制，形成学校、家庭、社会相结合的协同机制。

## 一、建立新时代高校思政课教育主客体之间的协同机制

"八个相统一"规律强调在不同对象、不同内容、不同场域的新时代高校思政课实践中充分运用显性教育和隐性教育的教育形式和资源。新时代高校思政课的运行体系及各系统要素，各系统要素及子系统处于动态发展的过程中，特别是"八个相统一"规律引导下的新时代高校思政课教育主客体的关系也在不断交互和相互影响。因此，作为新时代高校思政课教学的重要环节，新时代高校思政课教育主客体之间需要建立稳定运行的协同机制。在"八个相统一"规律引导下协调新时代高校思政课工作体系中主客体之间的关系，强化正向引导、避免对立互斥、保持协调统一，充分发挥协同效应，形成主客体之间的合作互动，朝着实现立德树人的根本目标合力前进。

在"八个相统一"规律引导下把握新时代高校思政课教育主客体之间的协同机制，需要从目标设置的一致性、系统互动的开放性以及机制运行的协调性来统筹考虑。一是在目标设置一致性的层面，"八个相统一"规律引导新时代高校思政课的教育主客体之间的协同机制要形成统一的最终目标和价值旨归。新时代高校思政课教育主客体之间的协同机制需要贯彻落实立德树人的根本任务，通过协同机制提升育人能力和育人实效。一方面，在"八个相统一"规律引导下要不断提升新时代高校思政课教师的育人本领。树立"教育者必先受教育"的育人理念，提升新时代高校思政课教师的育人意识与本领。要不断提升和强化新时代高校思政课教师的思想政治工作与育人能力，既要

将师德师风要求纳入教师招聘、晋升、评优等各环节，形成对师德的"硬性约束"，又要为新时代高校思政课教师提供岗前培训、日常培训以及教学技能进修的机会，使新时代高校思政课教师真正认识到教育是"良心活"，要对得起课堂、对得起大学生，更要对得起自己，明白他们身上的重任与使命，鼓励新时代高校思政课教师积极向内探索进行自我业务能力的提升。另一方面，在"八个相统一"规律引导下新时代高校思政课要激发大学生的自我教育意识，与新时代高校思政课教师形成良性互动，形成正向的育人成效。从大学生的教育客体角度来看，教师讲解讲授的内容处于被选择、被接受、被认同的相对被动的地位，大学生在育人成效面前的自主选择性和能动塑造性是考察其主体性的重要内容。大学生要在课堂内外积极参与和新时代高校思政课教师的交流，在交流的基础上形成有效沟通，在沟通的基础上达成共识，在共识的基础上形成影响和传承。因此，形成"合作对话"式的教学模式有助于强化新时代高校思政课教育主客体之间的协同机制。

二是在系统互动开放性的层面，"八个相统一"规律引导下的新时代高校思政课教育主客体之间的协同机制的开放性体现在教育的主客体与外界环境、其他体系存在着大量的信息交换，呈现出越来越活跃的趋势，"八个相统一"规律引导下的新时代高校思政课主客体之间也是不断地进行着融合、调整等。因此，"八个相统一"规律引导下的新时代高校思政课教育主客体之间的协同机制要创新思维构建新型育人平台，既要从创新思维的角度为新时代高校思政课教育主客体之间的协同机制注入优质资源，基于大学生群体正当的成长发展需求和期待，可采取小班制、定制化的模式，将多种育人力量倾注到协同育人机制中来。也要从创新思维的角度为新时代高校思政课教育主客体之间的协同机制增添网络资源，加强新时代高校思政课网络协同平台建设，将教育教学、日常管理、生活服务等功能融为一体，通过"易班"、中国大学生在线网络平台等，发挥大数据等分析的功能，为工作决策提供依据，在教育主客体的协同育人机制中增添网络的育人功能。

三是在机制运行协调性的层面，"八个相统一"规律引导下的新时代高校思政课教育主客体的协同机制的顺畅运行依赖于其协同体制、机制的完善。首先是要在新时代高校思政课教育主客体的协同机制中凸显以人为本的柔性化运行平台，教育主客体协同机制的运行和发展都需要始终坚持以人为本的趋向，构建适应时代特点的因时、因地、因人制宜的协同育人机制，这样才能形成主客体之间互动协作、富有活力的协同机制。其次是要在新时代高校思政课教育主客体的协同机制中充分激发和调动教育主客体的积极性，强调形成内生动力。当前大学生除了要在新时代高校思政课中获得正确的思维方式、正向的行为方式、积极的价值观念，更需要形成理性平和的心态，具备辩证思考能力以及独立的人格。因此，"八个相统一"规律引导下的新时代高校思政课教育主客体的协同机制必须始终围绕着"人"这个根本，在尊重和满足大学生主体内在需要的基础上，使大学生放宽视野，不再是亦步亦趋，只是关注外部的一些功利性的短期获利行为，而是注重向内自我要求与自我提升，将自己的天赋与禀赋释放出来。如果将新时代高校思政课比喻成一个各部件精密运行的机器，那么处于协同机制下的每个部件的良性接合、运转、协作会使整台机器平稳运转，最终将运行机制的效果最大化。最后是"八个相统一"规律引导下的新时代高校思政课教育主客体的协同机制要建设专业的共享机制和共享平台，随着互联网的快速发展以及大数据时代的到来，形成突破原有限制的共享机制，通过数据分析、系统监测、动态采集等了解大学生的所思、所想、所感，明确大学生关注的热点问题等，将所收到的反馈结果通过平台分享，形成信息互通、方案互助、机制互通的"信息库"，为共享机制和共享平台的建立"添砖加瓦"。

## 二、完善新时代高校思政课程与其他各类课程的协同机制

"八个相统一"规律引导下的新时代高校思政课强调充分调动各种育人资源和育人力量，坚持显性教育和隐性教育相统一强调积极调动其他各类课程中蕴含的鲜明的价值导向以及丰富的育人资源，与新时代高校思政课一道，共同为立德树人贡献其自身的学科资源与力量。一方面，其他各类课程如学校专业课程、哲学社会科学课程等都具有立德树人的培养需求，体现在专业教师在不同的学科、不同的领域中都希望培养出德才兼备的全面发展的大学生，这不仅是各专业传承和发展的需要，也是社会各领域、各职业对职业风尚、职业要求的需要。另一方面，其他各类课程如专业课程和哲学社会科学中蕴含着丰富的育人资源。具体来看，自然科学类专业应注重培育科学精神、探索创新精神；工程技术类专业应突出培育求真务实、精益求精的工匠精神。① 所以，专业课程、哲学社会科学课程等与新时代高校思政课同向而行，建立协同机制，对于提升新时代高校思政课教育的实效，具有重要意义。

完善新时代高校思政课程与其他各类课程的协同机制，首先要正确处理"八个相统一"规律引导下的新时代高校思政课程与其他各类课程协同机制的互动关系。协同机制的互动关系的把握集中体现为新

---

① 冯刚.思想政治教育创新发展的四个着力点［J］.教学与研究，2017（1）：23-29.

时代高校思政课与其他相关学科的联系与协作。一是要将其他相关学科的研究思路、研究重点、研究方法等与新时代高校思政课的学科专业优势紧密结合起来，在不断学习和借鉴相关学科的学理建构和实践发展的过程中，找到符合新时代高校思政课创新发展的途径。二是要将新时代高校思政课与其他各类相关课程的协同机制的发展放置于当前的宏观时代背景中，统筹思考新时代高校思政课与其他各类相关课程在教育现代化进程、网络时代等具体背景中的融合与发展，保证新时代高校思政课与其他各类相关课程的协同机制能够适应时代发展。三是要在新时代高校思政课与其他各类相关课程的协同机制中兼收并蓄，推陈出新。对于优秀的内容和成功的经验，要加以继承，同时也要不断反思，合理吸收更多的优秀成果。对于不符合新时代高校思政课发展的内容、方法等要及时调节和调理，为新时代高校思政课增添中华民族优秀文化的要素，形成富有中国特色的新时代高校思政课与其他各类相关课程的协同机制。

其次，要着力建设新时代高校思政课与其他各类相关课程协同机制的创新平台。一是营造新时代高校思政课与其他各类相关课程协同机制的理论队伍共同参与的氛围。鼓励理论队伍积极参与新时代高校思政课的理论与实践问题的研讨，形成新时代高校思政课与其他各类相关课程工作参与者关注科研、注重教学、进行实践的局面。二是提升新时代高校思政课与其他各类相关课程工作队伍的能力。其工作队伍能力的提升应不仅局限于思想素质、理论功底、实践思考等，还应集中力量攻关与新时代高校思政课相关的重难点问题，将辛苦上升为成果，使新时代高校思政课处于丰厚的土壤滋养中。三是要将新时代高校思政课与其他各类相关课程的协同机制纳入高校的整体布局和战略规划。从资源配置、机构评估、队伍建设等方面进行统筹规划，以马克思主义学院为牵头带动其他学院、学部展开理论研究，并组织大学生工作部门结合理论开展实践活动，形成高校内部各部门、各院系相互支持的发展格局。

最后，要着力优化新时代高校思政课与其他各类相关课程协同机制的建设环境，通过优化建设环境，充分拓展其学术阵地和学科平台，使新时代高校思政课的导向和引领功能长久地发生作用。一方面，要大力优化新时代高校思政课与其他各类相关课程的学科环境，建立健全各学科、各领域之间合作研讨、交流共享的机制，形成在全国范围内学科建设的联动。同时要逐步丰富以新时代高校思政课为主，以其他各类相关课程为重点的学科建设研究活动，形成以学术组织、会议、期刊的线上与线下相结合的学术平台，为新时代高校思政课学术研究的转化与创新奠定基础。另一方面，要在新时代高校思政课与其他各类相关课程的协同机制的构建中逐步突破地域的限制，形成研究机构之间定期的交流与合作，成立一批具有交叉学科背景的理论研究机构与实践活动基地，形成对一些不同学科共同关注的热点问题进行攻关的长期协作体系。

### 三、构建新时代高校思想政治工作队伍的协同机制

"八个相统一"规律中蕴含着对"大思政"总体格局的思考，其中包含着对育人内容、育人队伍、育人方法等的深入思考。在育人队伍层面，"八个相统一"规律强调人员的相互协同和配合，思想政治理论课教师、班主任、哲学社会科学课教师、心理咨询师、辅导员、党政干部、后勤服务人员等均是参与新时代高校思政课立德树人的关键

力量。因此，新时代高校思想政治工作队伍之间的相互配合、力量互通、资源互融，这种"心往一处想，力往一处使"的新时代高校思想政治工作队伍的协同机制，与"八个相统一"规律具有高度的契合性，有助于构筑人员更加广泛、格局更加开阔、系统更加开放的"大思政"总体格局。

其一，要创建新时代高校思想政治工作队伍的协同育人团队。"八个相统一"规律引导下的新时代高校思政课是一项系统性较强的实践活动，它的有效发展离不开强大协同育人团队的支持。要充分调动高校的一切力量，以新时代高校思政课教师为主，协同各支队伍、各类人员，紧密结合自身特点，充分发挥育人作用，协同开展育人工作，形成育人共同体。一方面，新时代高校思想政治工作队伍的协同育人团队要形成组织体系的协同。具体体现在，党委宣传部、党委组织部、党委学工部，以及党领导下的工会、共青团、大学生会等校园内的重要团体配合新时代高校思政课的有效开展，可以通过实践设计、资源保障、活动执行、对外宣传等方式协同把握育人目标。而且还要充分发挥如财政处、网络信息中心、心理咨询室等与高校大学生日常生活息息相关的部门的力量，积极地搭建平台、凝聚力量、整合资源。另一方面，新时代高校思想政治工作队伍的协同育人团队要形成各类育人资源和育人力量的协同。要充分发挥新时代高校思政课教师、其他各类课程等专业教师、班主任、辅导员、心理咨询师、党政干部、后勤服务人员、校友等各方面的育人力量，对育人资源进行合理的调配，形成各类成员的有序协同与密切配合，加强各类育人资源之间的交流与合作，把握大学生需求，坚持实践导向，在理论与实践的结合中推进新时代高校思想政治工作队伍的协同育人团队的创建。

其二，要增强新时代高校思想政治工作队伍协同育人机制的持续性。从总体上看，要形成纵向协同与横向协同相结合的工作格局。从纵向协同来看，新时代高校思想政治工作队伍的协同要寻求与国家发展和社会实际的协同联动，同时在高校内部，要加强不同层级职能部门之间的协同联动，各学员、各院系、各学部以及不同层级的党团组织要加强信息与资源共享，形成信息上的通畅、资源有效配置、功能合理互补，推动新时代高校思想政治工作队伍在不同层面协同发展。从横向协同来看，要做好新时代高校思政课与日常思想政治教育的协同。新时代高校思政课教师要充分利用好课堂教学这个主渠道，坚持实践导向，积极与其他育人平台、育人资源共享平台，取得支持，夯实日常思想政治教育的主阵地，同向而行、同向发力。党建、学工、心理、就业等职能部门要积极配合新时代高校思政课，结合各部门的优势与特色，共同搭建协同育人的平台，形成协同育人的合力。同时，新时代高校思想政治工作队伍的协同还要关注高校校园内外的协同联动，要在科学理论的指导下，寻求校内工作队伍与校外工作队伍的融合创新，充分凝聚社会各方面的力量资源，最终增强新时代高校思想政治工作队伍协同育人机制的持续性。

其三，要适时地调整新时代高校思想政治工作队伍的协同机制的实践结构。新时代高校思想政治工作队伍的协同机制的构建需要在运行过程中不断调试，在不断调整中形成具有包容性、实践性、系统性的新时代高校思想政治工作队伍的协同机制。具体来看，新时代高校思想政治工作队伍协同机制的包容性体现在，通过协同机制的协调，实现资源、内容、方法、途径等方面的互补和共进，避免形成各自为战、单打独斗的局面。新时代高校思想政治工作队伍协同机制的实践性体现在，其运作机制必须经过实践的验证，这就要求在高校中，思想政治教育职能部门和教学、科研职能部门要经常进行双向沟通，定期相互汇报工作进展以及工作的重难点，可采取邀请对方领导班子列席工作例会等，达到增进互信、强化交流的作用。新时代高校思想政治工作队伍协同机制的系统性体现在，通过对评价激励指标的全面考虑与精巧设计，形成全过程工作队伍协同长效机制，除了大规模集中教育模式之外还要增添日常渗透式教育模式，并根据高校实际、大学生需求适时调整新时代高校思想政治工作队伍协同机制。

## 四、形成学校、家庭、社会相结合的协同机制

学校、家庭、社会中蕴含着丰富的育人资源和育人力量，坚持显性教育和隐性教育相统一就是要将学校、家庭、社会紧密结合起来，在"八个相统一"规律的引导下需要在教学实践中将教育引导和实践养成紧密结合起来，这就需要构建可操作、可落实的协同机制。对于在"八个相统一"规律引导下的新时代高校思政课来说，需要形成学校、家庭、社会相结合的协同机制。通过整合学校、家庭、社会的教育资源，使新时代高校思政课由学校出发，以点带面，向家庭延伸、向社会拓展，努力形成机制互联、功能互补、资源互动的学校、家庭、社会相结合的协同机制，形成整体合力。

形成学校、家庭、社会相结合的协同机制要形成整体发展的协同性与同步性，避免陷入"木桶效应"，这就要求学校、家庭、社会相结合的协同机制要注重全面性、整体性、系统性。一是学校、家庭、社会相结合的协同机制要目标同向、部署同步、系统谋划、整体推进。要遵循协同育人的原则，加强学校、家庭、社会各方育人力量之间的

协同。一方面，要加强学校、家庭、社会之间的纵向联动。学校、家庭、社会要形成统一共识，为其纵向联动提供思想先导，同时要形成学校、家庭、社会协同联动、协作攻关的运行体系，并且要通过问题聚焦、难点解决、遵循规律、行为有效形成整体联动，并形成相应的政策支持和制度保障。另一方面，要以一体化的视角对学校、家庭、社会进行纵横结合。学校、家庭、社会相结合的协同机制在运行过程中，要深刻地融入思想政治教育的科学理念和价值导向，保证方向不偏不倚。同时也要加强学校、家庭、社会相结合的协同机制的载体运用、质量评价、环境建设、规律把握等多个维度的综合运用，合理规划、科学调配来自学校、家庭、社会的育人资源。

二是要统筹学校、家庭、社会各方资源和力量，在平台、载体、方式等方面进行多方面协同合作，形成多渠道的育人合力。"八个相统一"规律引导下的新时代高校思政课的实践教学是一项系统工程，其教学成效与课堂教学、家庭氛围、家庭环境、军事训练基地、社会实习场所等有着密切的联系，这就需要学校、家庭和社会分别站好自己的"一班岗"。学校作为教育的主体方，要贯彻党的教育方针，通过制度体系、有效载体和科学方法等，将教育内容灌输、传导至受教育者。要充分重视校园文化、实践活动、校园环境等对大学生的积极引导作用，校训、校史、校歌、校徽、体育竞赛、暑期社会实践活动等都是大学校园文化建设精神与价值的重要体现，因此需要继续继承和发扬校园文化建设，发挥学校教育的引领示范作用。家庭作为教育的关联方，要充分发挥家庭育人成效的直接性，家长作为学校共同的利益方，对于育人成效有着天然的优势与发言权。在家庭层面形成大学生和家长反馈评价制度，形成老师、家长、大学生之间有效沟通的重要渠道，有助于了解彼此的思想状况、意见建议，及时吸纳并不断改进工作，为人才培养贡献来自家庭的强劲动力。社会作为教育的资源方，为新时代高校思政课提供了大量的资源，高校要进一步融通校园文化、家庭文化、社区文化等，积极引入来自各方的优质资源，广泛开展爱国主义教育基地、红色文化教育基地、创新创业孵化基地建设等，并联合社会各界共同为大学生拓展就业市场，形成在高校治理支撑下的辐射带动作用。

三是要补齐学校、家庭、社会相结合的协同育人机制的弱点与短板。这并不是强调"齐头并进"，而是要在"八个相统一"规律引领下，遵循新时代高校思政课的发展规律和大学生成长的实际情况，做到学校、家庭、社会之间有序、联动、协同发展，控制好发展节奏，瞄准薄弱环节，精准突破，不断发力，避免拔苗助长、过犹不及，而应宜快则快，宜慢则慢，实现整体效能最大化。其中，学校在各方力量中具有基础作用，也是关键环节，应以学校为核心，协同家庭、社会积极协作，各司其职，发挥作用。首先，应凭借学校教育的直接性、生动性、情感性等特点，履行好学校的教育、管理、服务职能。在教育职能层面，学校教育要积极研究思想理论、进行价值引领，关注网络思想政治教育等；在管理职能层面，学校教育要管理大学生的日常事务、有效应对校园危机事件等；在服务职能层面，学校教育要重点关注师生的生活权益和发展需求，尤其注重对大学生心理健康层面的指导。其次，应通过家庭教育的持久性、亲和性、情感性等特点，既及时地向家长反映大学生在校的思想情况、行为表现等，加强学校对家庭教育的研究和指导，也积极地向家长了解大学生的成长背景、性格特点等，使家庭教育成为学校教育的重要拼图。大学生可能在学校会对自己的一些思想情况、行为表现有所隐藏，因为存在着老师以及大学生同辈之间的影响，他们可能会更加注重自己的外在形象，但是大学生在家里更容易将自己的潜在想法、做法表现出来，可以利用这一点将家庭教育充分使用起来。最后，要实现学校与社会的深度合作。社会各方力量应积极配合学校相关育人要求，主要是通过发动社会各方力量为学校提供贫困大学生的资助、毕业年级的就业实习、其他年纪的社会实践等资源配置。同时也要通过社会治理为学校教育提供和谐稳定的社会环境，在社会宣传、新闻、文艺、理论、出版等方面坚持弘扬主旋律。

## 第四节　完善新时代高校思政课建设的质量评价

要科学地评价新时代高校思政课的工作质量，必须充分把握新时代高校思政课建设的基本规律，从"八个相统一"规律中充分汲取养分，探索符合新时代高校思政课建设的质量评价的内在规律，因此科学有效的新时代高校思政课质量评价的原则、指标、内容、方法、机制是推动新时代高校思政课质量评价创新发展的重要内容，也是提高新时代高校思政课质量评价有效性和动态性的基本遵循。

### 一、把握新时代高校思政课质量评价的原则

完善新时代高校思政课建设的科学评价需要充分把握高校思政课质量评价的原则。科学有效的新时代高校思政课质量评价的原则在其理论和实践中具有重要的地位，也是提高其有效性的重要遵循。"八个

相统一"规律中蕴含的实践指向是进行新时代高校思政课质量评价的基本遵循。因此，对新时代高校思政课进行科学评估，必须遵循以下几个基本原则：一是要把政治评价和业务评价结合起来。其中，政治评价中所体现的政治属性以及业务评价中所体现的实际的业务效果反映了"八个相统一"规律中所包含的内在要求。因此，把握新时代高校思政课质量评价的原则应不断强化以"知行合一"为核心的价值导向。一方面，坚持政治评价。是否遵循正确的政治方向是新时代高校思政课工作质量评价最根本的原则和依据，这是由新时代高校思政课的特殊地位和作用共同决定的。在评判新时代高校思政课工作质量时，要将政治评价作为新时代高校思政课的原则和依据，要在教学、管理、实践等中研判是否具有坚定的立场、是否具备政治要求、是否坚持正确政治方向。另一方面，注重业务评价。业务评价可以有效地显示新时代高校思政课的实际效果，比如是否调动了大学生从事工作、生活、学习的积极性和主动性，是否因此带动了部分业务或业绩的提高等。在坚持业务评价的过程中，要坚持在注重实务中坚持培育健全人格，培养积极向上的品格以及乐观进取的心理素质，注重将显性教育和隐性教育结合起来，鼓励大学生在实际运用知识中得到身心素质的发展、人格滋养与涵育。在此基础上，要将坚持政治评价和注重业务评价密切地结合起来。离开政治评价的业务评价会迷失方向，没有业务评价的政治评价会丧失丰富，因此要将两者紧密结合，形成新时代高校思政课质量评价的前提和基础。

　　二是要把成果评价和过程评价结合起来。既要充分重视对于结果的统一性、确定性的评价，也要注重对于过程的动态性、多样性的判断，这与坚持统一性和多样性相统一具有高度的契合性。坚持结果评价和过程评价相统一既关注了当下可见的实际工作成果，也坚持用发展的眼光看待新时代高校思政课的发展效果和长期过程。一方面，要充分发挥结果评价和过程评价的特点和优势。既要通过听取汇报、发放问卷、调查访谈等方式了解新时代高校思政课开展的情况，并且对教育效果、受教育者的获得感等进行整体把握；又要通过设立观察点、定期开展督查等方式进行追踪、观察与反馈，重点了解新时代高校思政课的过程和趋势。另一方面，要对新时代高校思政课教学开展的结果和过程进行全面的评价。结果评价和过程评价都是不可缺少的，通过对比过程评价不同阶段呈现出的特点与数据，进而描述新时代高校思政课发展的动态曲线，并结合结果评价所暴露出的重点和难点问题，进行不同阶段的对比分析，依据过程和结果展现出的问题重点修正与完善，达到以评促进、以评促改的效果。最终，要通过两者有机结合多角度、全方位地检测和提高新时代高校思政课的课程质量。应围绕新时代高校思政课的教育目标，对新时代高校思政课的实施过程、实施效果进行评价，从侧重受教育者情感、态度、价值观等层面考察新时代高校思政课的实施过程，从侧重受教育者的政治立场和方向等层面考察新时代高校思政课的实施结果，从而有利于制定有针对性的措施对新时代高校思政课的工作过程、结果进行合理的调控和优化。

三是要把主观评价和客观评价结合起来。在对新时代高校思政课进行客观评价时，既要遵循上级行政部门制定的评价指标及评价标准，根据意见、纲要、政策等来调控整体安排，对部分结构进行微调，又要考虑到新时代高校思政课评价体系范围的适用性，不同地区的各个高校均有自己的实际、优劣，无法用一致的标准进行整体的划定。一方面，坚持客观评价要遵循客观的评价标准。客观评价要确定未来的发展方向，从完善新时代高校思政课的课程质量、完善体制机制等方面不断提升其质量。另一方面，坚持主观评价要充分贯彻多样性的原则，探索灵活多样的评价标准与体系。同时，在新时代高校思政课课程质量的评价中充分发挥各自优势，要将客观要求融入评价标准、评价内容、评价方法的制定，同时主观标准也要具有客观性，即评价标准的制定要客观地反映现实，充分地实现评价主体与评价客体的良性互动，在新时代高校思政课的质量评价中整合主观评价和客观评价。针对不同情况的高校采取多样的考核原则与考核指标，评价目标的确立、评价资料的收集、评价过程的反馈等都要充分考虑到合理性，在尊重客观评价标准的基础上获得全面的评价数据，提升新时代高校思政课的评价效度。

## 二、制定新时代高校思政课质量评价的指标

对新时代高校思政课质量评价进行合理的评估，就必须拥有一套合理的评价指标体系。通过制定科学、系统、硬性的指标评价体系，才能找到新时代高校思政课在教学目标和教学实际之间的差距，进一步明确新时代高校思政课的发展方向。"八个相统一"规律深刻把握新时代高校思政课的根本目标，从整体性的思路出发，着眼于全局的战略谋划对于制定新时代高校思政课质量评价的指标具有积极的指导意义。在吸收借鉴"八个相统一"规律的基础上，应形成系统科学、操作性强、动态长效的新时代高校思政课质量评价的指标体系。

首先，要从整体性的角度考虑新时代高校思政课质量评价的指标，形成系统科学的新时代高校思政课质量评价指标体系。这些指标的制

定需要与新时代高校思政课教学质量、教学成果、教学进展等紧密相关，同时也要深入地分析这些指标对于新时代高校思政课质量评价的参考价值等。要将关于新时代高校思政课质量评价的指标和要求协同起来，以整体性的思路进行构建，同时又注重反映其自身的特点和规律。具体来看，新时代高校思政课质量评价的指标要体现理论性和实践性的有机统一。理论性是针对新时代高校思政课的教学内容进行评价的重要尺度，既要通过对新时代高校思政课教学内容进行硬性评定，侧重于呈现教学内容与实际相结合的程度，又要通过对新时代高校思政课教学实际的定性判定，侧重于将教学内容与实际结合。新时代高校思政课质量评价的指标也要体现出政治性和价值性的有机统一。对于新时代高校思政课的动态把握需要既坚持政治性的原则，把握思想政治教育的规律与新时代高校思政课建设规律，也需要坚持以价值为导向的评价标准，以此保证新时代高校思政课质量评价标准的科学性。

其次，要从确定指标的科学性和准确性着手，不断增强新时代高校思政课质量评价的可操作性。在对新时代高校思政课进行治理评价的过程中，由于学科属性与特点，其在实证发展上略有欠缺，具体体现为部分指标缺少实操性、缺乏可靠的数据支撑等。因此，要从确定指标的科学性和准确性着手，使指标体系可以真实、客观、完全地反映出新时代高校思政课的质量评价，一方面，要以制度化、高效化、协同化对标新时代高校思政课定性标准的制定。比如可以在新时代高校思政课质量评价中充分融合评价、监控、预测指标，侧重从新时代高校思政课的性质方面对参评高校进行综合的分析和评判，采取去伪存真、去粗取精、由表及里等形成对新时代高校思政课工作效果与价值的科学判断和评价。另一方面，要适当引入量化指标，以完备的数据支撑确保指标体系的科学性和准确性。通过采用数据分析的方法，通过收集、比对、筛选、处理数据资料，对参评高校表现出来的一些量的关系进行分析和整理，从数量上相对精确地反映参评新时代高校思政课的整体风貌，以此来把握参评新时代高校思政课开展的成果。

最后，要通过比较分析、效果反馈等对新时代高校思政课质量评价的指标进行强化，保证其动态长效运转。具体来看，比较分析是开展新时代高校思政课质量评价的重要步骤，通过完整、准确地收集评价所需的各种数据、材料等，在对同一类别、同一条目等进行比较的基础上做出判断，对新时代高校思政课质量评价进行肯定或否定的评价，是有益于揭示新时代高校思政课质量评价的内在逻辑与发展走向的，因此要通过多种手段对数据进行分析整理，按照一定的序列、一定的逻辑分门别类地进行对比分析，最终在对比分析中提升新时代高校思政课质量评价的精准度。所以，效果反馈是保证新时代高校思政课动态长效运转的重要保障，因此要分析新时代高校思政课质量评价结果中包含着的各种要素，在对各种要素的分析回顾中得到启发，注重评价指标是否合理，注重评价过程是否顺畅，注重评价内容是否全面，注重评价方法是否客观，以结果为导向进行调整与纠正，以确保新时代高校思政课质量评价的长效性。

### 三、细化新时代高校思政课质量评价的内容

明确新时代高校思政课质量评价的内容，为深入开展新时代高校思政课质量评价提供重要遵循。新时代高校思政课质量评价内容的确定，既要遵循思想政治教育规律，也要遵循"八个相统一"规律，要在两者的统一中实现对新时代高校思政课质量评价内容的系统把握。

特别是要从"八个相统一"规律中的重要元素出发,这些重要元素反映了新时代高校思政课建设的重要发展方向,只有从新时代高校思政课建设的重要元素出发,才能得到关于新时代高校思政课质量评价最需要的内容,新时代高校思政课质量评价才能因此获得更加完整、准确的反馈。所以,新时代高校思政课质量评价的内容应紧紧围绕新时代高校思政课的教育对象、教育队伍、教育过程、教育结果、教育管理的质量评价进行。

新时代高校思政课教育对象接受的质量评价是新时代高校思政课质量评价的基础性的内容。新时代高校思政课教育对象接受的质量评价是新时代高校思政课工作质量最直接的体现,通过对教育对象的思想状况、道德素质、学习进展、学习效果、接受程度、解决问题等方面做出考察和评判。一方面,要重点考察新时代高校思政课教育对象的学习和接受情况,受教育者是否认识和领会新时代高校思政课传递的相关理论知识、价值观念、社会规范、相关知识等,这是考察教育对象通过新时代高校思政课所获得的教育效果的最直接的方面。另一方面,要考察新时代高校思政课教育对象是否在课程进行中实现自我提升。明晰他们发现问题、认识问题、解决问题的能力,能掌握这个能力,实际上证明了教育对象具备了由被动到主动,将相关知识内化于心并外化于行,也能从侧面体现教育对象对于新时代高校思政课的积极性和主动性是否被调动起来。同时,也要更加全面地考察教育对象,不仅要考察教育对象的学习成绩,以及在学习中取得的进展,而且要关注教育对象在思想道德层面是否能做到从一而终、表里如一,还要关注到教育对象是否具有健康的体魄,以及能否拥有面对高强度学习和生活的身心素质等。更加全面的评判标准对于教育对象来说不只是考察指标，而且是能让他们对全面发展有更加具象的了解，在一定程度上达到通过评价标准来指导教育对象全面发展的作用。

新时代高校思政课教育队伍质量评价是新时代高校思政课质量评价的重要内容。新时代高校思政课教育队伍在新时代高校思政课中肩负着组织、实施、管理、评估、总结、评价、督促等重要任务，是新时代高校思政课的实施主体。新时代高校思政课教育队伍的质量与新时代高校思政课的质量呈现非常明显的正相关性。因此，新时代推进高校思政课质量评价，首先必须把新时代高校思政课教育队伍的质量作为其重要构成内容。新时代高校思政课教育队伍承担着塑造人的灵魂、传播真理的重任，所以要将考察新时代高校思政课教育队伍的政治理论素养以及人格品德放在首要地位，这直接决定着新时代高校思政课的育人效果，必须着重考虑他们在教学过程中展现出来的政治觉悟与道德品质。其次要注重新时代高校思政课教育队伍实际工作的能力和业绩。教育队伍从事大学生思想政治工作的实绩和能力决定着能否有效实现新时代高校思政课的教育目标，同时也决定着这支教育队伍整体的水平和素质，因此必须着重考核新时代高校思政课教育队伍在实际工作中的能力，进行科学公正的评价，这对于充分调动新时代高校思政课教育对象的积极性与创造性来说，是能使其真切体会到亲身感受的直接体验。

新时代高校思政课教育过程质量评价是新时代高校思政课质量评价沿着正确方向运行的重要内容。对于新时代高校思政课教育过程的质量评价不仅有助于基于动态的视角检测新时代高校思政课教育过程的质量状况，而且有助于克服和纠正部分新时代高校思政课重知识轻能力、重结果轻过程、重理论轻实践等不良倾向，保证新时代高校思政课过程中各种有效信息的传递，检测新时代高校思政课的教育质量。因此，要对新时代高校思政课教育过程进行质量评价，一方面，要重视对新时代高校思政课教育过程的各种因素、环节、节奏等进行评价，可以将过程评估和终结性评估相结合，在情感、态度、价值观等方面应用质性的评估。同时对其最终效果进行评定。另一方面，要遵循多样性的原则，探索出不同层次、不同阶段和不同流程的具体新时代高校思政课评价体系，根据新时代高校思政课教育过程中所包含的教育主体、教育对象、主要要素等建构出具有灵活性、多样性的评价标准，并且根据新时代高校思政课实践的发展，及时采取措施，确保教育过程按照符合教育规律的原定方向运行。

新时代高校思政课教育结果质量评价也是新时代高校思政课质量评价内容的重中之重。通过对新时代高校思政课教育结果的质量评价，可以知晓并判断出新时代高校思政课最终结果质量的高低，有益于把握新时代高校思政课运行的正确方向，同时也是诊断新时代高校思政课工作问题及其对策有效性的重要手段。对新时代高校思政课教育结果的质量评价要牢牢把握住三个方面。一是要重点监测教育结果是否以马克思主义为根本指导，新时代高校思政课教学成果质量评估，就是要以习近平新时代中国特色社会主义为核心来铸魂育人，在广大学生的心目中形成强有力的思想推动力。二是要重点监测教育结果是否牢牢把握社会主义方向，新时代高校思政课属于社会主义高等学校中的重要学科，因此新时代高校思政课的最终结果应充分体现社会主义的本质，要对教育结果进行重点监测。三是要重点监测教育结果是否满足了党和国家事业及人民发展的需要，新时代高校思政课归根结底是为党和国家事业及人民发展需要服务的，因此，新时代高校思政课在评价教学成果时，应着重把控其是否服务于人民，服务于中国共产党。

新时代高校思政课教育管理质量评价是新时代高校思政课质量评价的核心内容。如果削弱了新时代高校思政课的教育管理，就无法正常保证新时代高校思政课的工作质量，如果无法在管理层面对新时代高校思政课进行科学评价，就会导致新时代高校思政课的目的、计划、组织对于原定轨道发生偏离，产生不利的影响。因此，新时代高校思政课教育管理质量评价需要进行系统的研究与剖析，一方面，要对新时代高校思政课的管理目标、管理对象、管理方法、管理模式等做出判断，判断新时代高校思政课的教育管理工作是否实现了预期的效果，并达到预期的程度，将工作过程和工作结果的评价并重，对不同管理岗位上的管理者进行工作态度、作风、水平等的评价。另一方面，要对教育管理过程中的常规工作与创新工作进行分层评价。既对新时代高校思政课教育管理中基础性的常规工作按照质量评价体系进行考核，又充分给予创新的工作成果以鼓励，可以在新时代高校思政课教育管理的过程中从创新工作成果的管理方法、管理模式、获奖情况等赋予额外的加分，通过分层的方式奖励创新工作为新时代高校思政课的实际教学实践增添"满满正能量"。

### 四、完善新时代高校思政课质量评价的方法

在完善新时代高校思政课质量评价的过程中，由于其评价指标较为复杂，其评价内容较为多元，在新时代高校思政课实际质量评价工作中，其质量评价的方法也呈现出综合性、丰富性的特点，根据评价的指标、内容的不同，其评价方法的选择也不尽相同。"八个相统一"

规律中蕴含着完善新时代高校思政课质量评价方法的原则，新时代高校思政课质量评价的方法要统筹显性因素和隐性因素，找到两种资源的优势，形成评价方法的合力。

从总体上看，完善新时代高校思政课质量评价的方法需要遵循科学性、准确性的原则，并不断适应科学研究和技术能力的发展，具体来看，可以遵循以下几种较为综合性的方法。一是结合过程评价和结果评价。过程评价主要是针对过程的把控以及评判，既可以通过过程评价分析新时代高校思政课教学过程中的特点和优势，也可以探求新时代高校思政课教学过程中的不足和劣势，为今后新时代高校思政课的进一步发展锚定发力点。结果评价是对新时代高校思政课某几个领域、某几个环节、某几个要素等产生结果的评价，最终的评价结果是对新时代高校思政课整体质量重要的终极判断和评估。因此，将过程评价与结果评价相统一，使两者相互结合、互为补充，针对不同的评价内容、评价要素发挥不同评价方式的优势，既要运用过程评价对新时代高校思政课工作流程的完整性、工作职责的规范性、运行制度的协同性、运行过程的清晰性等进行精准评价，也要运用结果评价对新时代高校思政课的不同领域、环节、过程进行整体性的结果评价，更加全面地掌握新时代高校思政课的运行过程及实际效果。

二是结合定性评价和定量评价。定性评价是通过逻辑推演以及逻辑分析等方式，将信息在思维中进行转换和加工，对新时代高校思政课质量评价进行质性分析。定量评价通过收集和处理数据资料的方式，对新时代高校思政课的质量评价做出基于数据的数量分析。将这两种新时代高校思政课质量评价的常用方法结合，从质和量两个方面综合地考虑新时代高校思政课的现实状况。要根据不同的新时代高校思政课现实情况有针对性地运用定性评价与定量评价，一方面，针对新时代高校思政课质量评价的不同要素和环节，可以进行定性评价的方法，例如，可以对新时代高校思政课教学队伍的能力和素质进行定性评价，也可以对新时代高校思政课教学过程是否有序进行定性评价，还可以对新时代高校思政课质量评价的多元参与进行定性评价，定性评价通过评价主体的知识、经验等进行质性的分析，可以充分把握评价主体的思想动态和真实想法，既是对定量评价的有益补充，也是新时代高校思政课质量评价的重要方法。另一方面，针对一些新时代高校思政课质量评价中存在的重难点问题，可以采用定量分析的办法。具体来看，新时代高校思政课在质量评价的过程中存在大量复杂的要素构成，在一定程度上存在着边界不清、现象模糊的问题，面对这种棘手的情况，需要运用量化评价工具转换思路，解决难题。比如，可以采用模糊综合评价法应对模糊概念，对其进行量化分析，通过建立因素集、建立评价集、分配权重、建立评价模型等几个步骤[①]，在筛选数据、分析数据的基础上，发现其动态变化，从而使模糊观念逐渐清晰明了。

三是结合线上评价和线下评价。线上评价就是依托于互联网平台以及大数据，对新时代高校思政课评价质量的信息资料进行收集，具有收集信息快捷、处理程序高效、分析系统精准等优点。而线下评价则是较为传统的方法，通过实地走访、现场收集一手资料等方式直接获得质量评价的相关信息。线上评价与线下评价是基于评价工具运用差异而形成的方法差异，它们之间并不互相排斥，反而还可以与其他几种方法融合使用。其一，要充分发挥线下评价的优势。充分挖掘线

---

① 王薇. 应用模糊数学方法构建学校教育质量评价模型的研究 [J]. 教育科学研究，2011（2）：42–46.

下评价的优越性，在实际的调研过程中掌握第一手的资料、收集类型丰富的数据信息、了解评价过程的生动形象等，可以利用访谈法、观察法、档案袋评价法、问卷调查法等方式根据不同高校的情况对新时代高校思政课进行质量评价。其二，要依托网络信息技术充分发挥线上评价的特点。通过大数据平台对需要的数据进行收集、分析、整理，为新时代高校思政课质量评价所需的主体、环节、流程、对象等进行数据画像，特别是对于教育对象的质量评价来说，由于他们的学习和生活与网络息息相关，所以他们的日常行为会在网络上留下痕迹，通过收集他们的日常行为数据可以有效地分析他们的思想政治素质与道德水平，在评价方法的使用过程中注重其结果的准确性以及操作的到位率。

### 五、构建新时代高校思政课质量评价的机制

构建新时代高校思政课质量评价的机制是确保新时代高校思政课质量评价长效运行的重要保障，通过新时代高校思政课质量评价的机制发挥导向和约束作用，形成常态化长效化的机制保障，确保新时代高校思政课质量评价持续推进，成果不断深化。构建新时代高校思政课质量评价的机制要从"八个相统一"规律中汲取营养，学习思路，谋划布局。因此，要以整体性、系统性、全面性的思路构建新时代高校思政课质量评价的机制，对已经明确的评价目标、评价标准、评价方法等需要以制度化的形式固定下来，在形成规范性文件的基础上，着力推动形成推动文件落实的运行机制，以此来确保新时代高校思政课质量评价机制的长效发展。

首先，构建新时代高校思政课质量评价的机制需要明确其目标。

新时代高校思政课质量评价机制运行的基本目标是推进其创新发展，要对青年学子的全面发展形成正向的支撑。具体来看，科学有效的新时代高校思政课质量评价机制的目标必须立足于立德树人的教育的根本任务，立足于社会主义核心价值观的范畴，立足于国家和社会发展的需要，要在质量评价机制的目标中实现多方协同。其次，构建新时代高校思政课质量评价的机制需要明确其评价标准。一方面，新时代高校思政课质量评价机制的评价标准要体现动态性，体现在这一评价标准不仅能够满足现实工作的需要，同时也能对未来的工作、发展走向做出预测和指导，并且能够随着新时代高校思政课的不断发展而进行调整与修正。另一方面，新时代高校思政课质量评价机制的评价标准要体现时代性，要随着新时代高校思政课质量评价体系的实践发展，不断增添实践发展中呈现出的评价内容、评价对象的变化，要将这些因素统筹考虑，不断细化对于评价标准的需求，使整个系统达到最佳化的运转。最后，构建新时代高校思政课质量评价的机制需要掌握其评价方法。要在马克思主义的指导下，尊重新时代高校思政课质量评价机制的内在规律，坚持常规工作督查与重点任务评价相结合，对常规状态的经常性评价与对阶段特点的集中性评价相结合，向内评价和向外评价相结合等方法，形成评价方式的综合使用、统筹共生、发挥合力。同时，运用多种评价方式，借助网络化、大数据、信息化等技术手段，收集相关数据进行准确分析，可以采用质、量两种评估方法，通过自我评估和上级主管机关的评估，适当地引入第三方评价，有了第三方评价的加持能在最大限度上进行公允、合乎事实的评价。

# 结　语

　　"八个相统一"规律是新时代高校思政课建设的重要规律。"八个相统一"规律强调在新时代高校思政课建设中，从宏观的角度对新时代高校思政课建设的课程建设层面、课程价值层面、课程方法论层面给予理论与实践的指导，也从微观的角度揭示了新时代高校思政课创新发展的八对矛盾，科学、合理地对待这八对矛盾的辩证关系将对新时代高校思政课的建设和发展产生至关重要的作用。"八个相统一"规律作为新时代高校思政课建设的特有命题，受到马克思主义的科学指导，经过中国共产党领导人的创新发展，得益于教育学等交叉学科的深厚滋养，具有深厚的理论底蕴。在科学理论的指导下，新时代高校思政课建设"八个相统一"规律具有其独特的内在系统与运行方法，深刻把握其中的科学内涵与内部逻辑，对于提升新时代高校思政课的课程质量具有重要意义。

　　新时代高校思政课建设"八个相统一"规律是新时代高校思政课创新发展的重要着力点。首先，"八个相统一"规律彰显了新时代高校思政课在建设和发展过程中的深厚底蕴。"八个相统一"规律提纲挈领地凸显了新时代高校思政课建设的时代价值、理论内涵以及生成逻辑，揭示了新时代高校思政课的建设和发展规律，有助于理直气壮地开好新时代高校思政课。其次，"八个相统一"规律是提升新时代高校思政课创新发展的重要动力。提升新时代高校思政课创新发展的重要动力就是要从本源上探索新时代高校思政课持续发展的路径，这也同样是"八个相统一"规律需要解决的实际问题。最后，"八个相统一"规律为新时代高校思政课创新发展提供清晰、明确的方法论原则。"八个相统一"规律的突出效用就体现在这些方法论原则为新时代高校思政课创新发展勾勒了具体的、可操作的实际路径。

在不断增强新时代高校思政课的思想性、理论性和亲和力、针对性的过程中，新时代高校思政课建设"八个相统一"规律是一项持续深入展开的研究课题。鉴于有限的篇幅，运用马克思主义世界观和方法论，围绕新时代高校思政课建设"八个相统一"规律，对以下五个问题进行探讨。一是从马克思主义经典作家的理论支撑、中国共产党关于高校思政课建设的相关论述以及教育学理论中的相关借鉴着手，使新时代高校思政课建设"八个相统一"规律有了丰富的理论积淀和知识支撑。二是通过从提升新时代高校思政课的课程质量，推动新时代高校思政课的改革创新，激发新时代高校思政课创新发展的重要动力，落实新时代高校思政课的育人目标四个方面进行深入分析，深化对新时代高校思政课建设"八个相统一"规律的时代价值的认识。三是梳理和探讨新时代高校思政课建设"八个相统一"规律的理论内涵，从其理论指导、时代特征、实践特质的角度为本研究寻找问题线索和现实依据。四是通过对"八个相统一"规律中的每对矛盾进行分类、对比、归纳等，勾勒新时代高校思政课建设"八个相统一"规律的内在机理，并理顺其内在逻辑。五是以"八个相统一"规律为参照，依据新时代高校思政课建设的系统要素、方法创新、协同机制、质量评价等方面综合探究了新时代高校思政课建设"八个相统一"规律的实践路径。

　　对于新时代高校思政课建设"八个相统一"规律的思考，是循序渐进、与时俱进的动态发展过程。新时代高校思政课建设"八个相统一"规律作为一个新的时代命题，将会是思想政治教育研究中的一个重要的研究方向，这其中还蕴含着很多可供继续深入挖掘的理论研究，本研究只是进行了基础性的研究尝试，该命题中仍然包含着很多值得进一步研究的课题。首先，新时代高校思政课建设"八个相统一"规律的基础理论仍需深化。以学科交叉视野来看待新时代高校思政课建设"八个相统一"规律，其中涉及哲学、管理学、社会学等众多学科，在这些学科与新时代高校思政课建设"八个相统一"规律进行学科交叉的过程中产生的基础理论研究还需要进一步地挖掘和丰富。其次，新时代高校思政课建设"八个相统一"规律的历史梳理还需加强。新时代高校思政课建设"八个相统一"规律的形成并不是"一蹴而就"的，而是在漫长的历史发展进程中不断沉淀、不断总结、不断精进而成，将新时代高校思政课建设"八个相统一"规律置于其历史发展进程中进行探寻，对深化新时代高校思政课建设"八个相统一"规律的认识显得尤为重要。最后，新时代高校思政课建设"八个相统一"规律的实践探索也需拓展。新时代高校思政课建设"八个相统一"规律的应用非常广泛，每对矛盾都是对新时代高校思政课实践发展问题的深刻洞察，每对矛盾中都包含着丰富的方法论原则，这些方法论原则均可以进一步地进行持续的探索和研究，待在未来的学习和工作中与学界共同探讨。

# 参考文献

（一）经典著作

［1］马克思恩格斯选集：第1-4卷［M］. 北京：人民出版社，
2012.

［2］马克思恩格斯文集：第1-10卷［M］. 北京：人民出版社，
2009.

［3］列宁选集：第1-4卷［M］. 北京：人民出版社，2012.

［4］毛泽东选集：第1-4卷［M］. 北京：人民出版社，1991.

［5］毛泽东文集：第1-2卷［M］. 北京：人民出版社，1993.

［6］毛泽东文集：第3-5卷［M］. 北京：人民出版社，1996.

［7］毛泽东文集：第6-8卷［M］. 北京：人民出版社，1999.

［8］邓小平文选：第1-2卷［M］. 北京：人民出版社，1994.

［9］邓小平文选：第3卷［M］. 北京：人民出版社，1993.

［10］江泽民文选：第1-3卷［M］. 北京：人民出版社，2006.

［11］胡锦涛文选：第1-3卷［M］. 北京：人民出版社，2016.

［12］习近平谈治国理政：第1卷［M］. 北京：外文出版社，
2018.

［13］习近平谈治国理政：第2卷［M］. 北京：外文出版社，
2017.

［14］习近平谈治国理政：第3卷［M］．北京：外文出版社，2020.

［15］习近平谈治国理政：第4卷［M］．北京：外文出版社，2022.

［16］习近平．之江新语［M］．杭州：浙江人民出版社，2017.

［17］习近平新时代中国特色社会主义思想学习纲要［M］．北京：学习出版社，人民出版社，2019.

［18］习近平．在哲学社会科学工作座谈会上的讲话［M］．北京：人民出版社，2016.

［19］习近平关于社会主义文化建设论述摘编［M］．北京：中央文献出版社，2017.

［20］决胜全面建成小康社会 夺取新时代中国特色社会主义伟大胜利：在中国共产党第十九次全国代表大会上的报告［M］．北京：人民出版社，2017.

（二）学术著作

［1］仓道来．思想政治教育学［M］．北京：北京大学出版社，2004.

［2］陈秉公．思想政治教育学原理［M］．北京：高等教育出版社，2006.

［3］陈万柏，张耀灿．思想政治教育学原理［M］．3版．北京：高等教育出版社，2015.

［4］冯刚．改革开放以来高校思想政治教育发展史［M］．北京：人民出版社，2018.

［5］冯刚.理直气壮开好思政课:把握新时代思政课建设规律［M］.北京:人民出版社,2019.

［6］冯刚.思想政治教育研究热点年度发布2022［M］.北京:团结出版社,2023.

［7］冯刚.思想政治教育学科40年发展研究报告［M］.北京:中国人民大学出版社,2023.

［8］冯刚.新时代高校思想政治教育学原理［M］.北京:人民出版社,2021.

［9］陆庆壬.思想政治教育学原理［M］.北京:高等教育出版社,1991.

［10］骆郁廷.高校思想政治理论课程论［M］.武汉:武汉大学出版社,2006.

［11］南京师范大学教育系.教育学［M］.北京:人民教育出版社,2001.

［12］邱伟光,张耀灿.思想政治教育学原理［M］.北京:高等教育出版社,1999.

［13］孙其昂.思想政治教育学前沿研究［M］.北京:人民出版社,2013.

［14］王道俊,王汉澜.教育学［M］.新编本.北京:人民教育出版社,1999.

［16］王树荫.中国共产党思想政治教育史［M］.北京:高等教育出版社,2018.

［17］张大均.教育心理学［M］.3版.北京:人民教育出版社,

2015.

[18]张耀灿，陈万柏.思想政治教育学原理［M］.北京：高等教育出版社，2001.

[19]张耀灿，等.现代思想政治教育学［M］.北京：人民出版社，2006.

[20]郑永廷.思想政治教育方法论［M］.修订版.北京：高等教育出版社，2010.

[21]郑永廷.思想政治教育学原理［M］.北京：高等教育出版社，2016.

（三）学术期刊

[1]陈吉鄂.以"八个相统一"引领高校思政课改革创新［J］.人民论坛，2019（20）.

[2]陈先达.唯物史观视野中的"以人为本"［J］.中国人民大学学报，2004（4）.

[3]陈旭.立德树人 培根铸魂 高校思政课改革创新的重要遵循——学习习近平总书记在学校思想政治理论课教师座谈会上的重要讲话［J］.人民论坛，2019（11）.

[4]崔延强，叶俊."八个相统一"：增强思想政治理论课的亲和力的基本遵循［J］.思想理论教育导刊，2019（6）.

[5]董雅华.思想政治理论课教学坚持主导性与主体性相统一论析［J］.思想理论教育，2020（3）.

[6]段微晓.略论高校思政课改革创新要坚持政治性与学理性相统一［J］.当代教育科学，2019（10）.

［7］房广顺，刘培路.思想政治理论课建设坚持统一性与多样性相统一论析［J］.思想理论教育，2020（1）.

［8］冯刚，陈步云.深刻把握新时代思政课"八个统一"的建设规律［J］.中国高等教育，2019（9）.

［9］冯刚，张欣.深刻把握思想政治理论课理论性与实践性相统一的价值意蕴［J］.新疆师范大学学报（哲学社会科学版），2019（5）.

［10］冯刚，朱宏强.深刻把握思想政治理论课价值性和知识性相统一的功能作用［J］.思想政治课研究，2019（2）.

［11］冯刚.敢想敢为又善作善成 新时代好青年的重要特质［J］.人民论坛，2023（2）.

［12］冯刚，杨小青，张智.新时代高校思政课公众形象塑造的理论探赜［J］.中国远程教育，2023，43（6）.

［13］冯刚，布超.新时代思想政治工作体系建构的生成逻辑［J］.学校党建与思想教育，2023（1）.

［14］冯刚，梁超锋.完善新时代思想政治工作体系建构［J］.思想政治工作研究，2022（12）.

［15］冯刚，王莹.时代新人家国情怀的培育路径探析［J］.南华大学学报（社会科学版），2022，23（5）.

［16］冯刚，朱宏强.思想政治教育内生动力的理论审思［J］.马克思主义理论学科研究，2022，8（6）.

［17］冯刚.关于高校思想政治教育治理研究的几个问题［J］.高校辅导员学刊，2022，14（3）.

［18］冯刚，徐先艳.时代新人的生成逻辑、基本特征和培育路径

[J]. 教学与研究，2022（4）.

　　[19]冯刚.推动新时代思想政治教育学科高质量发展[J]. 学校党建与思想教育，2022（7）.

　　[20]冯刚，朱小芳.深刻把握新时代思想政治工作的规律性认识[J].思想教育研究，2022（3）.

　　[21]冯刚.深刻把握中国共产党思想政治工作百年发展的规律性认识[J]. 思想政治教育研究，2022，38（1）.

　　[22]冯秀军，咸晓红.思想政治理论课改革创新要坚持灌输性和启发性相统一[J].思想理论教育导刊，2019（7）.

　　[23]付桂军，金炳镐.同频共振：高校思想政治理论课坚持"主导性和主体性相统一"研究[J].民族教育研究，2020（5）.

　　[24]高国希.坚持显性教育和隐性教育相统一[J]. 中国高等教育，2019（11）.

　　[25]高鑫.论"八个相统一"对加强中国特色社会主义制度自信教育的适用性[J].学校党建与思想教育，2020（14）.

　　[26]顾钰民，赵肖荣.思想政治理论课坚持政治性和学理性相统一研究[J].思想教育研究，2020（5）.

　　[27]顾钰民.坚持思想政治理论课建设性和批判性相统一[J].思想教育研究，2019（7）.

　　[28]何洪兵.论高校思想政治理论课坚持主导性与主体性相统一[J].学校党建与思想教育，2019（13）.

　　[29]胡大平.坚持显性教育和隐性教育相统一 全面提升高校立德树人水平[J].思想理论教育导刊，2019（7）.

［30］黄建军，赵倩倩.高校思想政治教育显性教育和隐性教育相统一的内在逻辑与路径优化［J］.思想教育研究，2020（11）.

［31］靳泽宇，周福盛.思想政治理论课改革要坚持理论性与实践性相统一论析［J］.思想教育研究，2020（9）.

［32］康沛竹，艾四林.思政课改革创新的"八个相统一"［J］.人民论坛，2019（13）.

［33］雷志敏.高校思政课建设要坚持政治性和学理性相统一［J］.人民论坛，2019（24）.

［34］李庆霞.高校思想政治理论课改革创新要坚持理论性和实践性相统一［J］.思想理论教育导刊，2019（6）.

［35］李亚，郭绍均.高校思想政治理论课坚持政治性与学理性相统一的意蕴析要［J］.思想理论教育导刊，2019（11）.

［36］林伯海，彭晓伟.高校思想政治理论课要坚持统一性和多样性相统一［J］.思想教育研究，2019（11）.

［37］刘建军.全面把握思想政治理论课建设的基本规律［J］.思想教育研究，2017（4）.

［38］刘吕红，丁郁.思想政治理论课改革创新需要坚持政治性和学理性相统一的根本原则［J］.思想教育研究，2019（12）.

［39］刘欣.科学把握思政课理论性和实践性相统一的深刻内涵［J］.思想政治课教学，2021（6）.

［40］卢黎歌，隋牧蓉."八个相统一"：推动思想政治理论课改革创新的遵循原则［J］.学校党建与思想教育，2019（9）.

［41］卢黎歌.坚持政治性与学理性相统一，提升思政课的说服力

[J]. 福建师范大学学报（哲学社会科学版），2019（9）.

[42]蒲清平，何丽玲.思想政治理论课要坚持主导性和主体性相统一[J]. 思想教育研究，2019（11）.

[43]佘双好.办好思想政治理论课须坚持显性教育与隐性教育相统一[J]. 红旗文稿，2019（15）.

[44]沈昊驹."八个相统一"视阈下高校思政课实验教学方法初探[J]. 学校党建与思想教育，2020（19）.

[45]施丽红，吴成国.高校思想政治理论课坚持灌输性与启发性相统一的实践路径分析[J]. 思想教育研究，2021（3）.

[46]田鹏颖.高校思想政治理论课要坚持政治性和学理性相统一[J]. 中国高等教育，2019（9）.

[47]王晨.新时代高校思政课守正创新探析[J]. 学校党建与思想教育，2021（14）.

[48]王洪波.坚持"八个统一"推动思政课改革创新（之三）坚持主导性和主体性相统一是思政课改革创新发展的关键[J]. 中国高等教育，2019（11）.

[49]王晶，陈文斌.思政课教学坚持建设性与批判性相统一的"三维"探析[J]. 思想政治教育研究，2021（1）.

[50]王天泽，马涛.思想政治理论课建设坚持理论性与实践性相统一论析[J]. 思想教育研究，2020（7）.

[51]王薇.应用模糊数学方法构建学校教育质量评价模型的研究[J]. 教育科学研究，2011（2）.

[52]吴会丽，刘世波.思政课坚持"八个相统一"的维度[J].

中学政治教学参考，2021（23）．

[53] 吴潜涛，陈越．坚持建设性和批判性相统一 推动思政课改革创新 [J]．中国高等教育，2019（10）．

[54] 吴潜涛，姜苏容．坚持价值性和知识性相统一 推动思想政治理论课改革创新 [J]．思想理论教育导刊，2019（7）．

[55] 肖贵清．新时代学校思想政治理论课建设的基本思路 [J]．吉首大学学报（社会科学版），2020（2）．

[56] 谢璐妍，李锦唯．论新时代加强党对高校思政课建设的全面领导 [J]．思想政治教育研究，2021（5）．

[57] 徐先艳．新时代高校思政课建设内涵式发展的理论意蕴和实践要求 [J]．学校党建与思想教育，2021（23）．

[58] 杨宁，向驰．民族高校思政课教学坚持"统一性和多样性相统一"论 [J]．学校党建与思想教育，2021（1）．

[59] 于瑾，胡晓红．坚持灌输性与启发性相统一的思想政治理论课教学实践 [J]．思想教育研究，2019（9）．

[60] 余丰玉．思政课改革创新要坚持灌输性和启发性相统一 [J]．中国高等教育，2019（19）．

[61] 余丰玉．思政课改革创新要坚持价值性和知识性相统一 [J]．中国高等教育，2019（10）．

[62] 余丰玉．思政课改革创新要坚持建设性和批判性相统一 [J]．中国高等教育，2019（12）．

[63] 张立华．把握三个维度 落实"八个相统一"[J]．中学政治教学参考，2020（4）．

[64]赵爱琴,陈伟平.以"八个相统一"为遵循打造思政课"金课"[J].学校党建与思想教育,2020(16).

(四)报纸文章

[1]习近平在全国高校思想政治工作会议上强调把思想政治工作贯穿教育教学全过程开创我国高等教育事业发展新局面[N].人民日报,2016-12-09(1).

[2]中共中央国务院印发《关于加强和改进新形势下高校思想政治工作的意见》[N].人民日报,2017-02-28(1).

[3]习近平在北京大学考察时强调 抓住培养社会主义建设者和接班人根本任务 努力建设中国特色世界一流大学[N].人民日报,2018-05-03(1).

[4]纪念马克思诞辰200周年大会在京举行 习近平发表重要讲话[N].人民日报,2018-05-05(1).

[5]习近平在全国教育大会上强调 坚持中国特色社会主义教育发展道路 培养德智体美劳全面发展的社会主义建设者和接班人[N].人民日报,2018-09-11(1).

[6]庆祝改革开放40周年大会在京隆重举行 习近平发表重要讲话[N].人民日报,2018-12-19.

[7]中共中央国务院印发《中国教育现代化2035》[N].人民日报,2019-02-24.

[8]习近平主持召开学校思想政治理论课教师座谈会强调 用新时代中国特色社会主义思想铸魂育人贯彻党的教育方针落实立德树人根本任务[N].人民日报,2019-03-19(1).

［9］习近平在中国人民大学考察时强调　坚持党的领导传承红色基因扎根中国大地走出一条建设中国特色世界一流大学新路［N］. 人民日报，2022-04-26（1）.

［10］习近平. 高举中国特色社会主义伟大旗帜为全面建设社会主义现代化国家而团结奋斗——在中国共产党第二十次全国代表大会上的报告［N］. 人民日报，2022-10-26（1）.

# 后 记

时光不待，流年似水。悄然间，已从北京师范大学博士毕业一年有余。在博士学位论文的基础上，经过一年半的进一步思考和完善，这本小书才得以最终成型。从论文选题到文献梳理，从框架搭建到行文论证，从论文答辩到完善深化等每个环节都凝聚着恩师冯刚教授的悉心点拨。这本小书伴随和见证了我博士求学和入职工作两个重要的人生阶段，虽然这本小书中的思考仍需细化、一些内容仍需深化，但它确实饱含着我的努力心血，记录着我的学术成长。在这本小书即将付梓之际，回首在北师大学习和生活的三载春秋，唯有感恩。

首先，衷心感谢我的恩师冯刚教授对我在学术科研和人生道路上的谆谆教诲和关怀备至。2019年，承蒙冯老师不弃，我有幸拜入冯门，也十分荣幸以博士研究生的身份跟随冯老师学习。三年来，冯老师脱俗淡然的人生境界、坦荡高尚的胸怀气度、严谨细致的治学风格、全面深邃的专业知识等让我印象深刻。他是我们成长道路上的引路人、传道授业的好老师、以德施教的大先生。非常感谢冯老师的以身作则，让我学会如何做人、做事和治学并受益终身。师恩深重，永生难忘，在此作为大学生的我将回以大学生对老师永远的敬意。

其次，由衷地感谢原中国青年政治学院青少年工作系的本硕培养。特别要感谢北京师范大学马克思主义学院的滋育，在这里求学让我真切感受到马克思主义理论人才培养的实力与魅力。感谢宁夏大学马克思主义学院的领导与同事们对我入职后的帮助和关怀。还要向我敬爱的师兄师姐、师门友爱的兄弟姐妹们致以最为真挚绵长的谢意，同门之谊、手足之情必不相忘也！

最后，感谢我的父母，谢谢你们的信任、支持和包容。特别要感谢我的爷爷奶奶，他们虽已耄耋之年，但是头脑清晰、思维敏捷，在我攻读学位期间，他们始终是我的精神支柱和坚强后盾，他们最担心的就是我在求学时的衣食住行，读博期间每次假期回校前他们总是把钱偷偷塞进我的衣兜。同时也要感谢我的女朋友在生活上对我无微不至的关心，共同求学的我们相互陪伴、彼此包容、一起进步。

越努力，越幸运。我会在今后的工作和生活中牢记恩师的教诲，并将新时代高校思政课建设"八个相统一"规律研究持续深入下去，不负恩师的辛勤栽培。我也会带着求学旅途遇到的一切幸运，带着所有的爱与感恩，一路前行，不负新时代"思政人"的使命担当。